心智投资

破解职业倦怠的内修法则

著 ◎ 埃尔克·海拉特

译 ◎ 刘 婷

世界图书出版公司

北京·广州·上海·西安

版权登记号:01-2019-6765
图书在版编目(CIP)数据

心智投资:破解职业倦怠的内修法则/(比)埃尔克·海拉特著;刘婷译. — 北京:世界图书出版有限公司北京分公司,2019. 11(2023.4 重印)
书名原文:Better Minds. How Insourcing Strengthens Resilience and Empowers Your Brain
ISBN 978-7-5192-6889-3

Ⅰ. ①心… Ⅱ. ①埃… ②刘… Ⅲ. ①职业-应用心理学-研究 Ⅳ. ①C913.2

中国版本图书馆 CIP 数据核字(2019)第 232077 号
© Elke Geraerts & Lannoo Publishers nv, Tielt, 2017.
Original title Better Minds. How Insourcing Strengthens Resilience and Empowers Your Brain Translated from the English language
www.lannoo.com
The simplified Chinese translation rights arranged with Lannoo Publishers through Rightol Media. (本书中文简体版权经由锐拓传媒取得 copyright@rightol.com)

书 名	心智投资:破解职业倦怠的内修法则	
	XINZHI TOUZI:POJIE ZHIYE JUANDAI DE NEIXIU FAZE	
著 者	埃尔克·海拉特	
译 者	刘 婷	
责任编辑	尹天怡 董 亚	

出版发行　世界图书出版有限公司北京分公司
地　　址　北京市东城区朝内大街 137 号
邮　　编　100010
电　　话　010-64038355(发行) 64037380(客服) 64033507(总编室)
网　　址　http://www.wpcbj.com.cn
邮　　箱　wpcbjst@vip.163.com
销　　售　各地新华书店
印　　刷　唐山富达印务有限公司
开　　本　880 mm×1230 mm 1/32
印　　张　7
字　　数　120 千字
版　　次　2019 年 11 月第 1 版
印　　次　2023 年 4 月第 2 次印刷
国际书号　ISBN 978-7-5192-6889-3
定　　价　49.00 元

谨以此书献给那些曾经激励过、挑战过、
增强过我的心智愈合力的人

目　录

引言

心智时代已经来临，向内借力才是趋势

是不是哪里不太对劲？相信你我都有所觉察，而我们花了很长时间才弄清楚。虽然从记录在案的数据来看，我们过得比以往任何时候都要好，生活的方方面面都得到了极大的优化，但是总感觉哪里出错了。得益于丰富的课程和培训，人们的知识水平和技能得到极大的提升，进而帮助他们成为各行各业的专家。世间之事大多可以筹谋、力争，无须听从命运的安排。身处生活优裕的西方国家，还有什么好抱怨的呢？我们比以往任何时候都更健康长寿，也拥有更多的自由。即便是这样，我们还是能感觉到，有些事情出错了。

头脑危机

不管是成年人还是孩子，近年来被心理问题困扰的人越来越多。起初，人们认为这得归咎于心理测验的改进。心理测验的项目越来越全面，敏感度也越来越高，于是测验者们发现了

越来越多的心理问题。然而现在，我们对此更清楚了。自杀、成瘾、注意障碍、进食障碍，以及焦虑、抑郁与其他神经症在人们身上发生得确实比几十年前更加频繁。销售抗抑郁药俨然成了 21 世纪最有利可图的产业之一。世界卫生组织（WHO）预计，截止到 2020 年，抑郁症将超越心力衰竭，成为西方国家最普遍的疾病。而紧跟其后的，便是心理倦怠[1]。

心理倦怠不是什么新型疾病，但最近几年它以流行病的势头蔓延开来。鉴于上一个 10 年里心理倦怠的发病率急剧增长，世界卫生组织即将把它界定为流行性疾病。1981 年，标准化测试——马斯拉齐心理倦怠量表诞生，这一量表的研究结果显示，心理倦怠正以骇人之势席卷全球。其中，美英两国患病的比例更是高达 30%，情况十分严峻。更令人担忧的是，这些数据还只是冰山一角。而在那些没有被诊断为心理倦怠的员工当中，有半数的人长期受到压力的困扰，有 1/4 的人因不良的身心状况而影响其工作效率。

我们只需稍加留意便能发现，这些惊人的数据都指向了同一处——大脑。压力、心理倦怠和其他心理问题产生的根源都在于大脑出了问题。时代飞速发展，压力急剧增长，而作为身

---

[1] 人们通常说的职业倦怠的心理学术语为"心理倦怠"。

体中最重要的器官，我们可以支配的最杰出的资产——大脑，正在苦苦挣扎。而我们所做的却是一再罔顾……由于长期无视这一问题，压力、心理倦怠和其他心理问题接踵而来，这些其实是大脑在向你求救。

外援的危害

受益于发达的大脑，人类创造了属于自己的新世界。可如今，创世之举每往前一步，大脑受到的侵害就加重一些。伴随着全球化的发展，社会变得多变（Volatile）、不确定（Uncertain）、复杂（Complex）和模棱两可（Ambiguous）。这一时代被定义为VUCA 时代。对于我们一手创造的社会，我们却没得选择。在VUCA 时代，变化不断更替，确定性反倒成了稀缺品。所有的问题都太过复杂而无法全盘掌握，人们之间产生误解的风险变得非常高。与一百年前的挑战相比，今天的挑战在难度上并没有高出许多，但它们确实不同了。真正的问题在于，我们的头脑跟不上了，或者换句话说，大脑的进化速度未能赶上我们的期望。于是我们开始搜罗赶超的捷径。公司开始向外寻求帮助，将尽可能多的任务（比如，此前由秘书负责的那些工作）交给数字系统和设备。如今，人们可以轻松搞定自己的工作日程、通信、文档以及工作安排。智能手机成了我们日常生活中不可或缺的一部分。一切确实都更方便了，但这样真的给大脑减负了吗？最近的研究表明，数字化给我们的大脑带来了巨大的新挑战。

我们继续在恶性循环里打转。为了给大脑减轻些许负担，人类发明了代劳工具。这些工具对大脑的过度刺激造成了新的负荷，以至于我们不得不设计出更多的工具再度为其减负。事实上，专注于这些权宜之计的我们，丝毫没有接近问题的核心。用经济学的术语来说，我们花费了大量的钱，却没有足够的新鲜资本注入。这不是投资，而是在营造亏损。这一切本不必如此。何不摒弃寻求外援，转而向内发掘援助？与其和症状纠缠，不如直击病灶，解决这场大脑危机。我们需要跳出这一恶性循环，给大脑注入它最需要的新鲜资本。因为我们能做到这一点，也因为现在我们必须这样做了。

心理倦怠不再是禁忌

俗话说得好，黑暗中总有一线光明。随着遭遇大脑危机的人越来越多，紧急信号也终于开始闪烁。那些勇敢的人们拉响了警报，今天我们才能够更轻松地讨论心理倦怠以及由压力引发的一系列问题。媒体对这一主题极为关注,甚至政府也在考虑出台预防心理倦怠的政策。我看到越来越多的公司、机构、组织和个人开始为自己和他人投资心智愈合力。然而,这些投入可谓杯水车薪。大多数领导者处理起金融资本来游刃有余,但是,在解决员工的大脑——最重要的生产工具的问题时,他们往往无从下手。

得益于近期的科学研究,我们可以更好地了解,什么可以使人具有愈合力以及如何为大脑赋能。可是知识往往只停留在理论层面,是时候将其付诸实践了。

作为一名科学家,我在多个国家进行了有关心理问题的探究。这些经历启发我换一个角度来看问题,也就是说,我们如何才能将一个心理问题扭转为一个心理优势。

我们的顾问公司——优智办公(Better Minds at Work)能够向公司和组织提供增强心智愈合力的技巧和定制化方案。而我想借助这本书再前进一步,将其中的知识分享给每一个人。我确信,虽然当下的大脑危机会带来许多的挑战,但危机背后蕴藏着巨大的成长契机。现在,让我们马上行动起来,扭转这一不利的势头。不管从个人层面,还是从组织和公司层面,都是时候投资我们的大脑了。

于危机中成长

大脑急需一大笔新鲜资本的注入,发出这一呼声的当然不止我一人。众多公司已经意识到他们必须为员工的幸福进行投资。同样令人欣喜的是,心理倦怠这一心理问题在得到权威认可的方面,又前进了一步。这些进步之举将有助于我们推行积极的用脑策略,进而减少心理倦怠和其他与应激障碍相关的问题,使得我们在应对危机时能更加强韧。通过对心智的投资,不但能够终止日益恶化的趋势,预防心理倦怠的发生,我们还将拥有更丰富的创造力,提高工作效率和生活幸福指数。再次援引一句金融术语:我们将扭亏为盈。

你或许觉得,上述的一切听起来有些理想化。但最近脑科学方面的研究取得了新的进展,我们有理由保持乐观。过去的几十年里,此类研究呈指数增长。直到20世纪50年代,科学家们都还认为人脑仅仅是哲学家们热衷的专门领域。转眼间,心理学和生物学的研究便飞速发展起来。20世纪90年代更是被称为脑科学的年代,其间诞生了无数令人惊叹的新见解。得益于磁共振成像(MRI),我们能够得到大脑结构无比精细的照片。借助功能磁共振成像（fMRI）[1]，我们甚至能看见想法和感受是如何在脑海中徘徊的，观察和分析它们的运动。而我自己所在的学科——心理学，在过去的 20 年里从科学的"旁枝末节"中挣脱出来，变得越发重要。关于思维、情绪、行为、爱、绝望等生命的各个方面，我们所了解到的比以往任何时候都要多。此外，从 20 世纪 90 年代以来，心理学和神经科学已不局限于帮助患者，它们还积极地探索新的方法，帮助每一个人更好地改善生活、享受生活。成功、全身心投入的工作状态和快乐的秘方不再难以企及，人人都能获得它们。

今天的我们根据以下问题的答案，可以比以往任何时候都明确是什么让心智变得强大并能够愈合：自控和坚持不懈是如何改变人生的；如何利用自己的意识和无意识状态；专注为何难以保持；为什么乐观不但能令人快乐，还能助人成功。

脑科学的研究赠予你我的，除了这些方方面面的知识，还有行动的建议和改进的良方。良好的自控力、清醒的意识，以及专注和乐观不再只是与生俱来的特质，而是可以培养并加以利用的技能，由此，我们才能优化心智。在做专题演讲时，我常打这样的比方——如果说肌肉的弹性和力量构成了生理上的

1　一种可以令大脑活动被人看见的技术。

愈合力,那心智愈合力便由这些技能共同构成。我让观众们想象一下,如果训练大脑就像在健身房训练肌肉一样简单可行,会是怎样的一番场景。他们点头,说道:"那就太棒了!"事实上,这是有可能的。你可以增强自己的大脑来抵御心理倦怠和压力。接下来,我将与你分享这一知识。

优化心智的呼声

我们有充足的知识来解除这场大脑危机。大脑将变得比以往任何时候都要强大,且拥有更强的愈合力。更重要的是,我们将为下一代攒下足够的启动资本,帮助他们从容应对来自未来的挑战。对此,我深信不疑。

我希望你也能从这本书中看到这种可能。但与此同时,我们也需要行动起来了。诚如你所见,有关大脑危机的统计数据已经拉响了警报,如果我们不想在 21 世纪失去理智,那就必须即刻展开行动,将已积累的大脑方面的知识付诸实践。目前,新的挑战林立:工作流程正在转变,技术即将超越我们的认知能力,生活的节奏在加快,社会结构不断受到冲击。当今世界,"认识自己"已不仅仅是"一切智慧的开始",它成了我们在这种种挑战中得以幸存的先决条件。而对于那些继续无视自己脑神经状况的人们，后果终将显现，一切只是时间问题。可以料想得到的是，后果到来的脚步只会不断加快……

如果我们不能立刻将这些知识运用到行动中，由压力引发的问题预计将不断增加。面对这一不利趋势，心理学的作用如同刹车一般重要，尤其是在防止新问题的方面，它甚至如同甲胄，能帮助你我抵御伤害。正如每一项新发明的背后都潜伏着一种新危机，科技的进步为我们带来了上述种种挑战。只是这一次，挑战可能不见得那么好应对了。

投资心智不仅是应对压力和心理倦怠最有效的途径，还能助我们挣脱危机，为我们在 21 世纪的生活做好准备。你是否想说，说起来容易，做起来难？或许是这样。但事到如今，我们还有别的选择吗？为了自己，为了大脑，为了子孙后代，这一笔投资势在必行。千万别等到人类社会彻底崩塌瓦解之后，再悔恨当初对大脑的熟视无睹，所以，我们应该坚决地支持对大脑的优化。

第一部分

一切从心智开始

何为心理倦怠?

未及一月,心理倦怠再一次见诸报端。每一次,事实和数据都告诉我们形势更加严峻了。评论中,各方观点也相持不下,愈演愈烈。然而,专栏中最令我震撼的故事是劳伦特·温诺克的倦怠体验。他是一名传播与企业责任总监,供职于安盛比利时保险公司。他的故事久久回荡于我的脑海中,这让我很想与你分享。

劳伦特的故事

就在一年前,我因为心理倦怠不得不离职。那天的画面让我记忆犹新:医生办公室的灯熄灭了,车中的我还在恸哭不止。不管往事多么不堪,我都认为那一次的经历是莫大的幸运。因为并不是每一个 35 岁的中年人都能战胜抑郁,重新上路。

我为什么会走到那一步? 实不相瞒,这与两样东西脱不了干系。一是一系列的超负荷工作,二是内心再也感受不到工作带来的价值。它们交织在一起,在我的默许下,对我步步紧逼。

除此以外，我还长年无视自己的身心状况，周而复始地处于过于紧绷(应激)的状态。

我始终难以入睡，长期遭受背痛的折磨，也难以摆脱持续的咳嗽。我抛弃了朋友和爱好，整日埋头工作，动不动就大动肝火。回过头来，你定会问我当初怎么没有发觉这些异常。那会儿我真没觉察出有什么不对。然而，现在我意识到了。我还意识到，当初没有任何人试图制止过我。

倦怠发作刚开始的几天，人简直如同置身地狱。所有往日里不在意的小毛病都会暴发出来，只消走半个街区，便会觉得精疲力竭。而最叫人痛苦的是，自己的大脑中空无一物。直到几周后，大脑才重新活跃起来，但我还没有痊愈。因为在我眼里，全世界都得罪了我，这一切全然是别人的错。就我的情况而言，兴许有他人的某些因素，但不全是他人的问题。当我意识到自己的倦怠不全是由他人造成的，自己也负有不可推卸的责任时，才真正开始了内心的治愈。

在整个治疗过程中，我得到了优秀的内科医生和心理治疗师的悉心指导。直到现在，我仍然每月见一次心理医师，跟他谈谈我的进展，以及我如何用新的方式来处理问题。我会继续这样做，同时也想将这种方法介绍给每一个人。此外，我能感受到来自身边人的善意关怀，感受到同事以及 CEO（首席执行官）的理解和支持，他们是我强有力的依靠。

但这仅仅只是开端，最困难的部分在于如何日复一日地坚守原则，即用更健康的方式来安排工作，让自己能够享受工作，尤其是享受工作以外的生活。虽然改变难以一蹴而就，但慢慢地，情况开始好转起来。我不再被公司的各种工作安排牵制，而是有选择性地出席会议。如果我的出现不能给对方带去价值，这样的会议我便不参加。我会设法从繁忙中抽身，多做反思或是寻找灵感。我会腾出时间陪伴团队，不谈工作，只是纯粹地一起聚聚。工作特别紧张的阶段，我会给团队制订激励方案。我会放下工作，花时间陪伴家人。不那么忙的时候，我也会定期和家人散步。你一定在想，这样的生活何等潇洒！但我更愿将它称作可持续的生活方式。因为毫无疑问，我依然在给公司效力，节省关键成本的目标每天都在等着我去达成。但自从我以一种全新的方式开始工作，一切都更加顺利了。

此刻我为什么要说这些？因为我曾同你们一样，一度艰难地让自己在缺乏必要准备的情况下，每天像个顶级运动员那样高强度竞技。而顶级运动员往往会考虑身心休整和竞技之间的平衡，他们会拒绝那些有悖于自己精力管理方案的安排。如果这样的安排不能为他们带来竞技场上的最佳表现，他们就会同培训师沟通。在体育世界，这再正常不过了。

然而，在商业世界又是怎样一番不同的场景呢？在许多公司，人力资本的心智健康仍没有得到应有的关注。而作为个人，我们往往也不知道一个健康的职业道德包含哪些内容。

我不止一次地听到身边的同事和老板们抱怨他们太忙了，工作多到无法应付，压力大到不堪忍受……但是他们不能说不。这让我想起了那些勇敢的人们，他们坦承压力给自己造成了长期的腹部和背部疼痛，却不知如何做出改变。这一切听起来都是那么的熟悉。不幸的是，因为我们的公司文化并不欢迎这样的观点，所以还有许许多多的人怯于表达，他们害怕被视作弱者，而这些人才是真正需要帮助的人。

就业大军中有 10% 的人因为心理倦怠而失业在家，其中 5% 曾处于公司的核心管理层。令我倍感幸运的是，一位雇主非常认可我的想法，他也曾尝试一系列的方案来重获心智健康。我希望自己的这番坦诚的话能激励更多的人行动起来。而那些囿于成见的人，不妨思考一下，与健康的员工相比，一个病了的员工是否会让企业付出更大的代价。是时候让他们康复起来了。

为什么会倦怠

在我看来,劳伦特的专栏充满了能量,因为他没有将自己的遭遇归咎于任何人。而自从心理倦怠被认为是一种职业病以来,雇主们常常觉得自己成了替罪羊,尽管有时候事实并非如此。在一些案例中,这种责难明显是事先设计好的……在法国就有这样一起案例,由于一年内公司有超过 30 名员工试图自杀,法国通讯(France Telecom)的前任 CEO 被传唤出庭,员工们起诉他将企业文化变得越来越苛刻,以至于让人无法忍受。在日本也是一样的情况,员工们的自杀会让雇主们面临极大的风险,尤其是那些生前数月常常加班的员工。上述情况导致的死亡被归为"过劳死"(karoshi),政府和企业都需要向受害者们的家庭进行赔偿。在中国,也有"过劳死"这样的词,公司对员工的健康负有责任。

不可否认的是,公司的高层管理者们能够积极或消极地影响企业文化。但是我认为我们不能回避的事实是,心理倦怠蔓延的背后有着更为复杂的原因,企业也不总是能够理解。而且心理倦怠也不仅仅在员工当中肆虐。诸多研究表明,企业主患上心理倦怠的风险比领月薪的员工更大,商业领袖则构成了另一组高风险群体。让我们来关注一下企业中高层管理者们的心理倦怠情况。来自哈佛商学院的近期研究表明,96%的高层主管们感到轻微的心理倦怠,其中有1/3的人正经历着严重的心理倦怠。

职场当中,总监可能是最孤独的人了。人们期望他们能时刻保持警觉,并且永远都不表现出沮丧或不如意的样子。这些令他们一路攀升的个人特质(比如,极强的个人毅力)有时候能遮蔽掉问题,甚至令他们自己都无法觉察。出于惯性,人们也许能够坚持很长时间,但即便是这些总监,也有精力耗竭的一天。而当这一天最终来临时,公司将领教到多米诺效应的威力。倦怠者的工作负荷压到了其他人的肩上,而更多的工作使这部分人更容易倦怠。倦怠者越来越多,幸存者也更加危险……如此一来,公司将陷入危险的恶性循环当中。

倦怠者的生活可谓险象环生。来自乌得勒支大学的维尔马尔·肖费利教授(Wilmar Schaufeli),是一位在心理倦怠研究方面具有国际影响力的专家。他指出,与普通人相比,心理倦怠者患上慢性疲劳、酒精中毒、睡眠障碍、颈椎病或其他生理健康问题的风险更大。芬兰教授基尔西·阿霍拉(Kirsi Ahola)曾在公司的员工(研究开始时都不足45岁)中,开展了一项跨度长达10年的研究。结果显示，心理倦怠者的死亡率要比普通人高出35%。

每当我展示这一数据时，人们都大为震惊，并感到难以置信。"如果心理倦怠真是如此严重的问题，我们为什么直到现在才有所耳闻呢？"我总是会听到类似这样的问题，但这么说并不全对。"心理倦怠"也许是个新词，但这一问题，几年以前就已经出现了。只是直到最近，我们才开始这么称呼它。在此之前，它被人们叫作"压力"。压力本身并不是什么问题，一定程度的压力还能带来积极的效果。比如，在我演讲前夕，我的压力会攀升到一个小小的峰值，这使得我的大脑更加清醒，注意力更加集中。这样一来，我便能更充分地专注于演讲以及同听众们互动。斯坦福大学的研究者凯利·麦格尼格尔（Kelly McGonigal）甚至提出，如果你能妥善处理压力，用它来改善自己的工作表现，它便能成为你的朋友。但如果压力（数量或程度）大到不堪忍受（应对压力的心力被耗尽），长此以往，便会对人造成损耗，并最终导致倦怠。对多年来一直警告我们说社会压力太大了的心理学家来说，心理倦怠危机的到来理所当然。

说到"倦怠"，我们其实也不陌生了。这一概念大概在40年前由心理学家赫伯特·弗罗伊登贝格尔（Herbert Freudenberger）提出。他于20世纪70年代给纽约的志愿者们提供咨询服务。他注意到,志愿者们在工作开始时全身心投入,好像有着挥洒不完的热情。可是不过数月,他们便表现出情感衰竭的症状,干劲也不复如从前。调查中,一名成员描述自己感受到了倦怠,所有的体力、心力都耗尽了,不再有任何继续下去的念头,也感受不到来自工作的满足感。

与此同时,在美国的另一端——加利福尼亚州,社会工作者们(后文简称"社工")也表现出了类似的症状。心理学家克里斯汀(Christina Maslach)和苏珊(Susan Jackson)最先给出了对"心理倦怠"的描述——是由情感枯竭、人格解体和毫无成就感三种表现混合在一起的综合症状。如今,这一描述得到了广泛的认可。

多亏了这些心理学家的开创性工作,此后世界各地的研究者们都了解了心理倦怠的症状,并对其展开了广泛的研究,随即便有数千人被诊断出患有这种疾病,但是近几年数量在增加。大概就在 10 年前,人们还普遍认为,心理倦怠发病率最高的群体是从事救济事业的工作者,事实上它已经渗透到了社会各界。结果,"心理倦怠"还成了流行词。人们只要感觉到片刻的压力,便把它挂在嘴边。就在最近还有人对我说:"我上周有些倦怠,那个截止日期给得实在是太苛刻了。"由此可能带来的危险是,人们不再把倦怠当回事。一次,我听到一名员工叹气道:"生活中诸多琐事千头万绪,令人应接不暇,如今人人都感到倦怠。"当然,倦怠并没有人们描述得那般普遍,人们只是爱把它挂在嘴边,但这并不意味着真正的倦怠可以轻松搞定。

科技和角色压力

据统计,20 世纪 70 年代,第一例心理倦怠出现在从事救济事业的志愿者身上,而今天心理倦怠早已突破了这一领域,渗入各行各业。40 多年过去了,劳动力市场发生了翻天覆地的变化,如今又是怎样的场景?为什么成千上万的人身上出现了当年志愿者才有的倦怠症状?我们的工作与志愿者们的工作又有什么相似之处?我相信,答案在于两方面:一是我们的工作量,二是我们工作的方式。

志愿者和社工的工作都存在一个特别之处,那就是工作永远也干不完。社会贡献固然伟大,但却总是以牺牲个人的私人空间和情感休息为代价。一日辛劳过后,本该结束工作的人们还会被工作占据很长时间。现在想一想,21 世纪到来后,我们生活中最大的变化是什么?无疑是科技革命。

我们先是有了家用计算机,然后是笔记本电脑、移动电话,直到现在的智能手机。这使得人们随时随地保持着联系，工作也因此变得如影随形。20世纪，人们离开办公室后就没办法工作了，直到第二天上班时，才能继续工作。现在的你可以随时随地工作，事实是，人们往往不得不这么做。在我看来，今天心理倦怠如此流行，背后很重要的推手便是现代科技。

今天的雇员，与以往的志愿者和社工们还有一处共同点——在心理学上被称作"角色压力"。在20世纪，大部分的工作有着规定的范围和清晰的定义。每个人都有足够的能力做好自己的工作，只百分之百地对自己的领域负责。今天却是另一番模样：所有的工作都要求我们能够灵活应变，拥有多种不同的能力，并能同时开展多重任务。这使得大多数人很难界定自己的工作内容：不仅是对他人，也是对自己。"你到底做什么工作？"这便是社工们曾经很难回答的问题。如今，这成了每一个人的难题。

心理倦怠最重要的一个预测器便是工作职责不清晰。这种角色压力会剥夺人们对工作的掌控感。员工感觉自己成了时刻供上级差遣的走卒，毫无作为。也因此，他们再也无法发展和提升自我。这一次不是员工们在找借口推辞，而是真的无计可施了。公司一旦对员工所履行的职责缺乏清晰的认识，便很难评估他们的工作。最终,工作结果所能带来的满足感也不复存在了。角色压力还催生了"助人综合征"——为了能让工作有所进展,人们常常不分彼此地揽下所有的活儿。角色压力也导致了每个人都对自己的价值不够自信,却又不敢抱怨。最重要的是,角色压力令人绝望。工作永远也做不完,无法带来现实成就,还时刻有成堆的烂摊子等着你去收拾。

我相信,每个人都能从上述描述中找到自己的身影。随着技术大环境的发展,以及对劳动力要求的变化,从一定意义上来说,21 世纪的我们都成了"社工"。

预测因子——个性

尽管环境的变化意味着患上心理倦怠的人比以往任何时候都要多,但心理倦怠从未(一次也没有)被归咎于环境本身。它总是受到两方面的影响——环境和个性。有些社工和志愿者工作了一辈子也没有患上心理倦怠。同样的,也有一部分人,他们的睡眠从来不受手机影响,即使多年来周旋于不同的工作任务当中,最终也没有成为心理倦怠患者。

所以,到底是什么决定了谁会患上心理倦怠而谁能幸免?风险一定程度上取决于你所从事的职业。根据近期的调查发现,护士、牙医、教师、银行家和小企业主患上心理倦怠的风险最大。当我们去研究倦怠者的个性特征时,也能够界定出明显的易感群体。内向的人比外向的人更容易患上心理倦怠,因为在利用资源获得帮助方面,他们的行动要慢一些。比如,他们并不热衷从同事们那里获取反馈。缺乏自信和情绪不稳定的人群,面临的风险也要更大一些。抑郁倾向并不一定会增加倦怠的风险(抑郁症是情绪失调,而倦怠是精力失调),但也可能是一个影响因素。完美主义者和理想主义者也得格外小心。完美主义者从不认可他们自己的表现,也甚少感到满足。工作总是做不完,所以他们也无法享受成果。而理想主义者总是把目标设定得太高,以至于在努力突破目标的过程中还没有察觉就已然精疲力尽了。

心理灵活度的重要性

乍一看,竟有如此多的风险因素会导致倦怠,这一结果着实令人沮丧。大多数人大致都能对号入座,找到自己属于哪一类或者哪几类易感群体。而且更糟糕的是,很多人认为诸如完美主义和自信之类的特质很大程度上是天生的,难以改变。如果你是一位完美主义者,或者是一名护士,或者更不幸的是一名信仰完美主义的护士,难道就听天由命,任凭倦怠随时发作吗?根本无须如此。事实上,还是有很多人从来没有感到倦怠的,尽管从理论上来说他们极易患上倦怠。即便同样是信仰完美主义的两名护士,她们也一定是不一样的个体。但是,同样是信奉完美主义的护士,是什么促使她们一个向压力缴械投降,而另一个却变得更强大呢?

答案就是——愈合力。心智灵活度,是人类应对逆境的能力的标志,决定了每个人对压力有着不同的感受度,以及事实上我们有多大的风险会患上倦怠(先不论环境和个性因素的影响)。令人欣喜的是,愈合力如同肌肉的力量一样,可以增强,也能够接受训练。这也是我想在这本书中重点介绍的内容。如果想要避免心理倦怠,我们必须关注很多东西,而不仅仅是大脑,保持好的生理愈合力同样重要。通过研究我们知道,那些饮食健康、运动量充足的人们能够更好地应对压力。能量丰富、品类齐全的食物能让心智更加机敏,运动能让身体甩掉因压力而累积的紧张感。不仅如此,运动还能助你清空沉重的念头,让你的心智再次变得清醒。充足的睡眠非常重要,它决定了我们心智愈合力的水平。因此,在应对心理倦怠的锦囊里实际上有两剂药方,一个是增强生理愈合力,另一个是提高心智愈合力,两者缺一不可。

心智升级，让你成为一个强大的人

从零到 Zara

当苦难降临时，阿曼西奥·奥尔特加（Amancio Ortega）刚出生不过两个月。就在 1936 这一年，西班牙爆发了史上最惨烈的一场战争。对奥尔特加一家来说，西班牙内战意味着他们不得不逃离当时所居住的巴斯顿戈（Busdongo de Arbas）小村庄。跟成百上千的其他村民一样，他们逃到城市，希望能在那里找到工作。然而事与愿违，他们一直穷困潦倒，艰难度日。数年后，老奥尔特加才在拉科鲁尼亚找到了一份铁道工的工作。但他的收入微薄，仍不足以喂饱家中的四个孩子。于是，奥尔特加的母亲在照料家庭之余还做起了女佣，以补贴家用。

一天，13 岁的奥尔特加和母亲结束了漫长的辛苦工作，正像往常一样，走在回家的路上。他们在当地的一家食品店门前停了下来，就是在那里，奥尔特加凑巧听到了后来改变他一生的对话。他听到母亲恳求店员允许她赊账，然而对方没有让步："不行，夫人，这一次您说什么也得付钱了。"就在那一刻，奥尔特加下定决心放弃学业,去找工作。至少,知情人士是这么描述的,毕竟他本人从不接受采访。于是一周后,他便来到了当地的一家裁缝店,干些跑腿和叠衬衫的活儿。

几个月后,第二次世界大战爆发。彼时,没有人能预见阿曼西奥·奥尔特加会在 50 年后跻身世界上顶级成功者的行列。这位一手打造了 Zara、Massimo Dutti、Bershka 和 Oysho 等知名品牌的幕后奇才,他的故事听起来如神话一般。阿曼西奥·奥尔特加,从一贫如洗的工人家庭的孩子到西班牙首富,一度成为时尚界最富有的人乃至世界三大富人之一。从此 Zara 成了财富的代名词,西班牙人将他的故事传颂为"从零到 Zara"。换句话说,他从一无所有到应有尽有。对许多人来说,阿曼西奥·奥尔特加便是成功的化身。但他的故事绝不是独一无二的。比如,由单亲妈妈抚养长大的美国前总统奥巴马(Barack Obama)、曾被囚禁于狱中二十载的南非前总统纳尔逊·曼德拉(Nelson Mandela)、孤儿史蒂夫·乔布斯(Steve Jobs)、单亲母亲 J.K.罗琳(J.K.Rowling),又或者是曾经的街头小贩——而今的娱乐产业大鳄杰斯(Jay-Z)。这些都是众多小说、电影和传奇故事题材,是美国梦,也是美国数百万人的希望。

这类"白手起家并大获成功"的故事之所以被广为传颂,实则与公众的理解有关,他们普遍认为这样的故事太超乎寻常了。从某种意义上来说,是这样的。不幸的是,如果早年生活困顿不安,人们其实很难挣脱困境,逆袭为超级巨星。但反过来,我们却能观察到另一种关联:成就斐然的人士们都经受住了重重障碍的考验。英国心理学家约翰·尼科尔森(John Nicholson)曾连续数年对成功人士们进行采访,最终得出的结论是:他们无一例外,都曾在生命中的某一阶段(通常都很早)战胜过来自生活和事业的巨大挑战。

所以这些故事中的成功有没有可能不是"排除了万难",而是"源自这些灾难"?不幸与成功之间是不是有这样的因果关系?查尔斯·狄更斯(Charles Dickens),励志故事界的文学之父,在他的著作《远大前程》(*Great Expectations*)中给出了他的答案——"苦难胜过一切教育……我曾失去棱角,支离破碎,但如我所愿,被锻造得更加强大"。

除了文学作品,这一现象还以不同的版本和形式出现在其他地方。正如丘吉尔(Winston Churchill)所说的,"绝不错失任何一个绝佳的危机"。事实上,一些世界级的大型企业能有今日的成就正是得益于当年的危机。比如,三星电子在1990年(也就是在雄踞韩国电器霸主之位长达20年之后)曾濒临破产,时任会长的李健熙不得不出台应对危机的方案,而正是这一方案使得三星一跃成为全球高科技电子产品的领头羊。雀巢曾经只是瑞士的一家小企业,在"一战"期间经营奶粉生意,"一战"后却扩张为世界上最大的食品公司之一。当初德国兄弟卡尔·阿尔布莱特(Karl Albrecht)和泰欧·阿尔布莱特(Theo Albrecht)只不过想应对"二战"后短暂的物资紧缺,但却成就了今日德国最大的食品连锁零售企业:阿尔迪集团。50年前,"亚洲四小龙"(中国香港、新加坡、韩国和中国台湾)也曾属于世界上最落后的地区之一。

事实证明,这也不仅仅是一个经济现象。早在1937年,荷兰历史学家扬·罗曼(Jan Romein)就曾描述过历史上的"抢占先机者"是如何落败于"后来者"的。他曾发表过一篇有关辩证的进步的论文,颇具影响力。其中,他援引了伦敦街头照明的例子。当许多国家的街头已经用上电灯照明时,伦敦还在沿用老式瓦斯灯。原因很简单。早在19世纪时,伦敦就已经是世界上数一数二的繁华大都市,也是第一个有财力开始使用街头照明的。那会儿,瓦斯是不二之选。而在当时,其他城市并没有实力效仿。于是,在黑夜中等待的这些城市反而迎来了更新的科技——电。对于伦敦来说,这种先机反而阻碍了它的发展:它是第一个有实力、有机会去安装街头照明的城市,但是最后却被过时的技术束缚。相反，其他的城市虽然起步较晚，但却拥有了更先进的街头照明。

人类伦理方面也曾发生过同样的故事，阶段性的灾难反而带来了巨大的进步。"二战"的惨状使得全世界的人们对人权达到了前所未有的认可。极致的艺术往往孕育于缺陷，弗里达·卡罗（Frida Kahlo）和凡·高（Vincent van Gogh）便是最好的例证。伟大的发现也常源于物资紧缺，比如哥伦布（Christopher Columbus）就曾因此发现了美洲新大陆。最动人的音乐也总是来自痛苦和悲伤。再就是心理学了。人们已经熟知危机过后的心理成长现象，心理学上将其称作"PTG"（post-traumatic growth）或"创伤后成长"。

创伤后的成长

从 20 世纪 60 年代开始，心理学家对因遭遇暴力、虐待、灾难或疾病而产生心理创伤的后果展开了广泛的研究。在 20 世纪 80 年代，创伤后应激障碍（PTSD）亦被认为是一种疾病。不幸的是，因为过多关注于它的治疗，研究者们较少关注到创伤带来的另一种影响。然而，只有一小部分人（大概 8% 到 30%）在受到创伤后会患上应激障碍，绝大部分的人会很快恢复,甚至还有很大比例的人(介乎 30% 到 70%)似乎在事后还得到了很好的成长。

诺丁汉大学的斯蒂芬·约瑟夫(Stephen Joseph)教授在谈到 1987 年"自由企业先锋号"海难时,将这一现象描述为创伤后成长。这艘轮渡船在靠近比利时的北海倾覆,193 名乘客遇难。剩下的 500 名幸存者在冰冷刺骨的海水中挣扎了数小时,等待救援。这种经历可谓超乎寻常地痛苦。

于是,"先锋号"研究小组在精神病学研究院成立,旨在监控这些受害者的创伤后应激障碍症状,这一研究持续了数年。尽管,不少幸存者确实表现出了由压力引起的些许不适,但约瑟夫教授也注意到,还有一部分幸存者事后不仅没有出现问题,还过得相当不错。三年后,他问了所有幸存者同一个问题:"经历了那次海难之后,你觉得生活是变好了,还是变坏了?"46% 的人认为变坏了,43% 的人则觉得变好了。

约瑟夫教授后来在自己的书《杀不死我的必使我强大》(*What Doesn't Kill Us*)中解释道,对某些人来说,创伤反而能够让他们过得更幸福。这些经历过创伤后成长的人们能更好地肯定自身价值,对生活有更全面的认识,也能更享受与他人的社会交往。创伤好似一味催化剂,促成了一系列积极的变化,个体的认知和内心力量也极大地被改善了。约瑟夫还补充道，这些虽然不一定会带来快乐，但他们确实更快乐了。

幸运的是，人们遭遇如此大的灾难的概率很小，但若换作损失和痛苦，遇上的概率几乎是100%。可能是离异或死亡，职场失利或自然灾害。即便生活在世上最安全的国家，我们也无疑会遭受这样那样的伤害，问题不在于"会不会"，而在于"何时""以什么样的方式"。

几乎可以确信，创伤总会发生。好在不管严重与否，我们总还有机会成长，甚至成功。那么问题来了：创伤会令你沉沦还是助你飞跃，这到底是由什么决定的呢？

带着这一疑问，我们来看一看报纸上的一则告示，这则告示发布于马航MH17失事后几个月。2014年7月，MH17客机从阿姆斯特丹飞往吉隆坡途中在乌克兰坠毁，机上的283名乘客全部遇难。这则告示的内容是："我们在此沉痛地告知您，马航遇难以后，亨克·帕尔姆先生痛失爱女埃拉、爱婿罗伯特和一对爱孙麦瑞尔和马克。他于今日辞世，享年93岁。"

亨克·帕尔姆于悲痛中离世。是的，失去子女无疑是最糟糕的，甚至是致命的创伤。或者，我们还可以看看另一个家庭是如何应对的。一位来自马来西亚的博士生阿里在荷兰求学，他也是马航 MH17 的遇难者之一。痛失爱子,他的父母是不是同样痛不欲生? 是不是也将郁郁而终呢? 相反,他们在爱子死后没有沉溺于悲伤,而是听从了孩子生前的建议——组织了一次前往鹿特丹的家庭之旅,去了解阿里生前的世界。随后,我听说了在同一架飞机上另一个遇难者的家庭的故事。21 岁的克里斯蒂娜的父母找到了她生前列下的愿望清单(罗列生前一定要尝试的事情的清单),并打算替她一一实现。

为什么面对同样的遭遇,有人被悲伤击垮,而另一些人却能从中汲取力量呢? 为什么有人消沉地倒下,而另一些人却能奋起反击? 亨克·帕尔姆年事已高,过世也属寻常。阿里的父母也还有其他孩子能分散他们的注意力,不至于久久沉溺于悲伤。但是这些因素还不足以解答这些疑问,如同落水,为何有人会淹死,而有些人却学会了游泳?

这些不同实则取决于我们自己。愈合力——当我们被生活击倒时能再度弹起的能力,决定了我们对抗危机的水平。有了它,我们得以击退生活投掷来的不幸。有了它,即便生命将你重重摔下,你也能像皮球一样轻盈弹起。它不仅决定了我们能否于危机中幸存下来,还决定了事后我们能否得到成长。

人这一生,定会遇上诸多挫折。成功人士初看上去似乎总能遇上助他们腾飞的东风,然而事实上,他们的共同点都在于逆风飞翔,从未被迎面的强风击退;他们以逆境为师,并从中学有所成。愈合力强的人们最擅长的便是化不利为有利,他们在这一点上胜过其他人。成功从来不取决于顺境中的表现,而是如何应对麻烦。愈合力将赋予你能力,将糟糕的经历化作羽翼,助你腾飞。

值得高兴的是,与智力或性格不同,人们的愈合力不完全由基因决定。但这并不意味着每个人都能很好地掌握愈合力。诚然,生命中将经历怎样的磨难,我们无从选择,但我们可以提高愈合力,以便更好地抵御那些可能的冲击。这就好比慢跑前先活动一下肌肉,热热身。

全情投入,直抵心流

创伤后成长的研究清楚地说明了一点:危机时刻,愈合力格外重要。面对眼下的大脑危机,我认为每个人都应该投资自己的愈合力,不管是为了整个社会,还是为了个人。如果将愈合力比作天平,一端是心理倦怠,那另一端一定是全身心投入工作的良好状态。

在遍寻治疗心理倦怠的良方后,越来越多的研究者认同,良好的工作参与度可能是最接近于"解药"的东西了。鹿特丹伊拉斯姆斯大学的阿诺德·巴克(Arnold Bakker)教授,穷其大半的职业生涯,研究人们的工作参与度,并与乌得勒支大学的维尔马尔教授一同研制出"乌得勒支工作参与度量表"(UWES),这一工具用于测量人们的工作参与度,已在全世界范围内得到广泛使用。巴克认为,要想对工作充满热情,人们必须在他识别出的三种特质上都获得较高的值。它们分别是:活力,即一种精力充沛的状态;奉献,即对工作认同,愿意付出;专注,即对工作全身心投入,忘记周遭的一切。

研究过程中,他发现全身心投入工作的员工们充满活力和热情,非常自信,也能够主宰自己的生活。得益于积极的态度和较高的活跃度,这些热忱的员工也得到了他人更多的尊重和认可,取得了更大的成功。自 2000 年"乌得勒支工作参与度量表"诞生以来,盖洛普研究公司(当然还有其他的公司)针对颇受关注的工作参与度,开展了一系列研究。研究表明,相较于心理倦怠数据的急剧攀升,工作参与度的数值在近 20 年内几乎没有变化。在全世界范围内,热情的员工仅占 13%。美国的数据显著高于平均水平,能达到 32%。令人吃惊的是,这些热情分子不仅在工作中全情投入,在生活中也一样。当然,他们也会感觉到累。只是他们将疲劳视作一种令人愉悦的状态,因为他们从中获得了成就感。

有些人可能会质疑,这太过理想化了。人们常常把这种工作热情视作一种成瘾的状态而予以否定。绝大部分人都很讨厌"工作狂"。巴克的研究表明,其实全情投入的员工并没有对工作上瘾。工作成瘾的人常常感受到一种强迫性的驱动,他们拼命工作,不知停歇。而对全情投入的工作者而言,努力工作是出于喜爱,而且在工作以外的时间里,他们也热衷于其他事物。其间差异看似不大,但结果却有着天壤之别:工作成瘾将直接导致倦怠,而全情投入则带你远离倦怠。

正如心理倦怠受到环境和个性的双重影响,工作参与度也受到这两者的相互作用。从工作环境方面来说,员工的自主权、工作反馈和良好的社会关系是预测工作参与度的有效指标。就个体来说,外向性、情绪稳定性和责任感会对其产生影响。积极主动的个性也会带来较高的参与度。具有这些个性特征的人们会积极改造环境,使之对自己有利。他们能发现机会,采取行动,并持续跟进,直至产生有意义的改变。

巴克将这部分人打趣为"工作中的动手达人":他们主动寻找挑战,有意识地学习新事物,并不计回报地参与各种项目。

他们拼搏争取，是因为他们个人对目标充满了兴趣，而不是因为受到来自他人的压力。比如，一名管理助理带新员工参观公司，尽管岗位职责里并没有明确要求她这样去做。这些达人在需要帮助和反馈时，总是毫不犹豫地请教身边的同事。正因为这些及时、充分的反馈，他们的工作才能做得更好。

虽然工作参与度在一定程度上是固定的，但好在影响它的部分个性特质是可以改变的。如同愈合力——由乐观主义、效能感、抗压性和自尊的交互影响所决定。这些特质都不是天生的，这也意味着，愈合力是能被习得的。当然还有其他的心理特质（例如外向性），在此就不一一列举了。通过学习，员工们不仅能更好地发挥这些心理特质，还能更充分地使用与工作相关的资源。在他们经常能够得到的反馈中，来自同事的支持，以及对各种技能和发展机会的掌握是最重要的。巴克认为，对这些"自身资源"进行投资，可以最有效地抵御心理倦怠。

上文中曾说到，全情投入工作是倦怠的解药。但如果我们的理解止步于此，则将错失一个良机。巴克的研究结果显示，全情投入的员工不仅更加快乐，更富有热情，同时身体状况也更好，比如，他们心脏活动的节律通常都很健康。这可能是因为他们更乐于参加休闲活动，比如运动、社交和其他兴趣爱好。

如此一来,便可以将注意力转向别处,得到放松。等到他们积蓄完能量,回到工作中时,往往会变得更加专注。更妙的是,这些专注的员工不仅会对自己的生活产生积极的影响,同时还将影响身边的每一个人。其他同事也会在不知不觉中被他们带动起来。通常,全情投入的员工们还会是给公司带来变革和创新的力量源泉,所以公司也是极大的受益者。

一项美国的研究发现,与其他员工相比,全情投入者的缺勤率要低于 27%,平均工作效率却高出 18%。荷兰政府曾做过一项关于可持续的就业力的研究。结果显示,荷兰就业者的工作效率每提高一个百分点,国家每年就能多产出 60 亿欧元。对一个拥有 100 名员工的公司来说,这相当于每年的财务收入增长 95000 欧元。

上述的好处和潜在的利润空间还不足以打动你吗?别担心,且接着听我说。全情投入的工作状态还恰好是"心流"的最佳预测器。"心流"是美国心理学家米哈里·契克森米哈赖(Mihaly Csikszentmihalyi)发现的一种心理状态,在这种状态下,人们一心沉浸在从事的活动中,空间、时间以及周围发生的一切都好似消失了。专注程度和内部动力双双达到峰值,人们完全投入活动,丝毫感受不到消极情绪。

"心流"不仅仅是一种令人愉悦的感受,更能促进心智愈合力的成长。契克森米哈赖的研究显示,心流除了能带来快乐,还能令人更成功。这并非不可能。试想一下,置身心流的你,极为专注,动力十足,学习新知识的能力达到最佳,业绩也会显著提高。员工们进入心流的时间越长,工作效率便会越高,这将促进心流的发生。如此,便形成了一个积极的循环。

如果要举一个心流的例子的话,那么米开朗琪罗(Michelangelo)为西斯廷教堂创作壁画的事迹可谓举世闻名。据说,这位艺术家一旦投入工作,便不饮不食、不眠不休,直到把自己累垮。由于创作时颜料会不慎入眼,经年累月,直至作品最终完成的那一天,他也几近失明。

当然,并非只有世界级的绘画大师才能体验心流,你我皆能做到。可以说,绝大部分的人都曾在某个时刻有过这样的体验。尽管提及心流,我们首先会联想到从事运动、音乐、冥想和艺术方面的人,但是每一类职业群体都是能够感受到心流的。只是,令人沮丧的是,对许多人来说,心流不听使唤,无法召之即来。那么,你一定会问,有启动它的方法吗?答案又一次地指向了心智愈合力。对,这需要你我不断增强自身的心智愈合力。

向内寻求幸福

投资心智愈合力不只会提供更多的工作机会，这个概念本身还同人类最基本的需要有关。科学心理学创立之初，第一个想解密的便是：人类的幸福到底由什么决定？

20世纪40年代，亚伯拉罕·马斯洛（Abraham Maslow）提出的闻名世界的"人类需求的金字塔"，广受赞誉。这一模型将人类的内部动机和不同层次的需求联系在一起。金字塔的底部是生理需求，往上依次是安全、社交和尊重的需求，塔尖则是自我实现的需求。人们首先得满足生理的需求，而后才会试图去满足其他更高层次的需要。简单来说，人首先会想着填饱肚子，然后是居有定所，唯有这些都实现了，才有时间去交朋友和维系友谊。

不过后来，马斯洛的金字塔理论不断受到强烈的批判。因为事实屡屡出具反证，"低层次"的需要即使不被满足，人们也可以追求更高层次的需要。不管怎样，我们发现，心智愈合力强大的人往往实现了金字塔从下到上的所有需要。马斯洛金字塔的塔尖也成了许多人一生中最向往的去处。得益于科学的进步，通往塔尖的道路越来越容易走。美国心理学家丹尼尔·吉尔伯特（Daniel Gilbert）曾就此发表过著名的宣言："不久，心理学将能够准确地告诉我们如何获得想要的生活，但它永远也不能告诉我们，什么样的生活才是我们想要的。因为我们想要的生活将永远只能由每个人自己来决定。"

没错，心理学能教给你很多实现抱负的办法，但是要不要这么做永远取决于你自己。机会就在眼前，把握机会便大有可为，所以你是要任它溜走，还是一把抓住，尽力试一试？这不光是我们每个人的机会，也是企业、组织乃至整个社会的机会。

抵达塔尖，不仅预示着你将拥有更强的愈合力以及由此助你抵御心理倦怠和压力的一些优秀品质，而且预示着你将会更幸福。事实上，幸福并非看上去那般遥不可及。如今，我们获得幸福的机会比以往任何时候都要多。尽管一开始我同你一样对此心存疑虑，但在瑞士某个小山村的一番亲历，使我确信了这一点。

几年前，在阿尔卑斯山的中心，我遇见了"世界上最幸福的人"。位于此处的达沃斯小镇精巧雅致，是深受滑雪爱好者和背包客青睐的旅游胜地。然而，每年在举办世界规模的商业午餐——世界经济论坛的时候，这里会摇身一变，成为戒备森严的专门会晤场所。国家和政府首脑、全球商界的佼佼者、引领世界的思想家们、知名艺术家和杰出的科学家们齐聚此地，共同商讨世界的发展和面临的挑战。作为一名年轻的科学家，我有幸于 2012 年参加了这一会议。我还记得那个让我感触颇深的议题叫作"科学与幸福的艺术"。每位发言者都可以从自己的角度来谈论幸福。

出席会议的还有卡巴金（Kabat-Zinn，正念理论之父）、塔尼亚·辛格（Tania Singer，移情研究的先驱）、理查德·戴维森（Richard Davidson，因神经可塑性研究而闻名）以及其他一些声名显赫的嘉宾。他们围绕议题激烈地辩论着，丹尼尔·戈尔曼（Daniel Goleman，畅销书《情商》的知名著者）从中协调。我不得不承认，作为各自领域的开创者，他们每个人都对幸福有着不同而又极为深刻的见地。

会议被安排在大厅的一个较小的房间里，这在我看来是情理之中的事。在达沃斯，但凡被邀请的人都会佩戴蓝色徽章，而其中一部分非常重要的人则会佩戴白色徽章。每年主办方都会为"白色徽章"组织一些活动。料想今年也不例外，这肯定又是一场为他们安排的研习会。估计我是为数不多的戴着蓝色徽章的人中的一员吧，我心想："这些世界级的引领者自然有更紧急的事情要做。"

结果,我大错特错。会议足足邀请了 100 号人。当我到达时,会议室已经被塞满了,外围的观众几乎紧挨着墙壁,他们正准备在地毯上就座。等到会议开始时,现场俨然成了沙丁鱼罐头。佩戴着蓝色徽章和白色徽章的与会者们交织在一起。我第一次意识到,原来幸福对我们每一个人而言都是头等大事。

所有人都同样渴望幸福,这与个人的年龄、社会地位、社会功能或意识形态都没有关系。幸福是每个人的终极目标。当然,我们也追求其他的目标,比如,挣钱、做交易、获得成功、旅游等,而实现这些目标都是为了让我们更幸福。

但对很多人来说,幸福这一终极目标遥不可及,就好比是苦苦等待却始终没有现身的戈多,又或是妄图找到的天堂。作为人类,最好的期待莫过于"虽然幸福最终也无法获得,但在追寻的路上我们也不至于太不幸福"。至少,在会议开始之前,我是这么认为的。

这时候,那个"世界上最幸福的人"——马修·里卡德(Matthieu Ricard)入场了。他身着橙红色的袍子,脑袋锃亮,咧嘴笑着,好像是从寺院里逃出来的似的。从始至终,他走到哪儿都容光焕发,仿佛刚刚吞下一颗金球。如果你真想知道我对他的看法,实不相瞒,没什么好感。看起来过于快乐了,反而显得不那么真实,也叫人摸不着头脑。直到他开口,我的想法才发生改变。

他说道:"什么是幸福?或许,我们是不是该把它称作'安好'?因为幸福不过是一种合适的感受。它是一种深沉的平静和满足感,在这种状态下,所有的情绪都得以浮现出来,甚至是悲伤。"

这听起来是个不错的定义,也没让人摸不着头脑。我瞄了一眼介绍,找到了此人的资料:"细胞遗传学博士,研究佛教长达 40 年。"接着,他又继续说道:

"但是当下人们是如何追寻幸福的呢?我们总是忽略自己,一味地往外看。不幸的是,我们对外部世界的掌控是有限的、短暂的,也常常是主观臆想的。但如果我们向内寻求,很快便会发现这才是正确的途径。我们的欣喜和忧伤来自哪里?不正是来自大脑对我们在外部世界经历的解读吗?"

接下来,里卡德开始娓娓道来,如何通过练习令我们更容易感受到幸福。而他所说的练习便是冥想(这答案出自一个和尚之口,一点也不奇怪)。"冥想,是一种改造内心的方法,旨在使内心不断汲取幸福,不再像以往一样拒绝幸福。"我立刻朝神经学家理查德·戴维森看去。他对此有何反应?果不其然,他起身走上台来。

戴维森解释道,他已经测试了里卡德的观点。测试期间,里卡德每天都得在威斯康星大学麦迪逊分校的磁共振成像扫描仪里冥想。他头戴 128 个传感器,在一根大钢管里冥想,我想那滋味一定不好受吧,但是结果却出乎意料。当里卡德在进行慈悲仁爱冥想(一种古老的藏传佛教的修行方法)时,仪器检测到了最强的伽马射线值。通常当人们高度专注,身心功能充分运作,或是极为幸福时,伽马射线便会出现。从那以后,里卡德便被公认为"世界上最幸福的人"。

从里卡德参与的扫描实验里,我们可以获得许多东西。他本人也强调冥想对神经的可塑性(或者大脑的生物变异性)有着强有力的影响。但我所记住的是,幸福不仅仅是一种心愿,我们能够得到它,甚至还能估量它。最重要的是,幸福真的需要向内寻求。

用科学寻找幸福

科学业已加入寻找幸福的大军多年。如果说心理学此前一直都在致力于减少人类的苦难,那么今天留给心理学的课题就是如何为人类的幸福贡献一份力量。随着业界对此兴趣渐浓,荷兰鹿特丹的荣誉退休教授鲁特・范荷文（Ruut Veenhoven）多年前便决定并建立了"幸福数据库"，这一数据库如今已经收录了9000余篇有关幸福的科学出版物。

　　这一领域的研究而今数量庞大、范围甚广，想要了解全部的内容还真不容易。好在有几位英国伦敦大学学院的神经学家成功地将有关"幸福之源"的科学研究集合成一个数学公式以预测幸福。这一公式通过了功能磁共振成像扫描和调查结果的双重考验，并且已经在权威科学期刊《美国科学院院报》上发表。公式如下：

$$\text{HAPPINESS}(t) = W_0 + W_1 \sum_{j=1}^{t} \gamma^{t-j} CR_j + W_2 \sum_{j=1}^{t} \gamma^{t-j} EV_j + W_3 \sum_{j=1}^{t} \gamma^{t-j} RP_j$$

　　幸福 = 基本情绪（W_0）+ 令你感到满意的事物（CR）+ 平常所得（EV）+ 当下所得与平常所得的差值（RP）。反复出现的求和函数 $\sum$ 会基于你的近况来权衡各个因素。

　　总的来说，这个公式告诉我们，如果事情超出了预期，人们便会感到幸福。这意味着，许多思想家、作家和哲学家曾持有的观点得到了证实。天才物理学家斯蒂芬・霍金（Stephen Hawking）年少时便患上了神经系统疾病——肌萎缩侧索硬化，他曾说过一句著名的话:"21 岁时,我对生活的期望值便归零了,此后所有发生的事情于我而言都是上天的奖赏。"

预期之外的事情会较大地影响幸福感。除此以外,公式还显示出幸福一方面会受到短暂性因素和持久性因素的相互作用,另一方面也会受到内部因素和外部因素的交互影响。就内部因素来说,可以划分出情绪、心理和心智三个方面,我们可以通过增强这些因素来发展心智愈合力。我将在第二部分就此展开更深的探索。

在应对心理倦怠的锦囊里实际上有两剂药方，一个是增强生理愈合力，另一个是提高心智愈合力，两者缺一不可。

第二部分

心智成熟，让你受益良多

我们都拥有心智资本。有些人的起步资本更多一些，但这一极大的优势并不总能带来最大的收益。这同样与此前说过的"后来者居上"定律有关。心智资本能帮助你我战胜生命中的困难，也决定了每个人的愈合力。

人人都能够活出自己最精彩的样子。是浪费起步资本，还是将其兑现，这一决定权在我们自己手中。对于一些人来说，这意味着要用更积极的态度来面对生活；而对另一些人来说，则是要努力提高自己的愈合力。不管你打算从哪里出发，投资心智资本毫无风险，有百利而无一害。

当然，心智愈合力不是一朝一夕就能获得的。如果你选择了对它投资，那请做出两项决定。决定一，生活中，要积极主动；决定二，用心感受责任，并承担责任。这两项决定听起来既合理又简单，但做起来可就没那么容易了。

这一小小的提醒并不多余，因为我们时常被生活左右。我们会沉溺于自怨自艾之中不能自拔，还会忍不住责难他人，却往往忽视了——追究他人的过错或在事后追悔莫及——这些于事情的结果毫无帮助。对已然发生的事情，我们要学会接受。生活还要继续，唯有变得更加积极主动，我们才能改变生活。如果不想由他人来决定前进的方向，那我们必须夺取控制权。即使那意味着我们需要做出强有力的抗争。

想拥有更强大的心智吗？想要把握自己的生活将是你在正确方向上迈出的第一步。如果只是在每年的 1 月 1 日许下新一年的愿望,那是远远不够的,因为这些愿望会随着时间的推移而被你淡忘。你必须主动为自己设立一些通过努力可以达成的目标,并在生活中做好规划,切实地实现它们。你可以花点时间想一想自己的梦想和期待,以免忽视掉那些于你很重要的东西。

愈合力强大的人能从不好的事件中汲取经验教训,并从自身、他人和周遭的环境甚至更广阔的外部世界中积极寻找新的机遇。他们常常充满力量,心怀欢喜和希望,这使其更容易与他人、外界建立联系,并由此获益良多。不管是从精神层面,还是心理层面;从社会层面,还是经济层面……只要是你能想得到的方面,强大的愈合力都会带来好处。

对个体来说,想要提高心智资本,你需要卷起袖子,实干起来。对企业来说也是一样,如果不付出努力,员工的心智资本是不会有任何提升的。遗憾的是,纵然身处心理倦怠的危机当中,许多公司的高管仍然不愿对员工的心智资本进行投资,因为那将耗费时间、金钱和精力。尽管心理倦怠已被公认为是一种职业病,情况依旧没有得到太多改善。企业和媒体的口水战还停留在:当下心理倦怠的流行该归咎于谁。争论依旧围绕着:公司亟待转变?政府需要对此负责吗?或者原因是在雇员们自己身上吗?有趣的是,即便人们讨论得细致入微,答案总是:谁也逃不了干系。雇主、雇员和政府都需要做出改变,因为人人都有责任。当务之急,并不是探究谁的过错以及责任大小,而是要集中精力找到解决问题的办法。

幸运的是,一些公司正在对员工们的心智愈合力进行投资,以应对当下的心理倦怠危机,而且这些举措已初见成效。除了员工,公司本身也从中受益。更积极的用脑策略改善了员工的工作表现,因身体抱恙而告假的情况也在减少。得益于友好的用脑策略,员工们的愈合力会不断提高,而这些拥有杰出愈合力的人又会吸引同样优秀、阳光的头脑。现在想象一下,摆在你眼前的是两家公司:一家公司能提供高薪和丰厚的物质条件,但是没有长远的发展机会,同时员工很容易患上心理倦怠;另一家公司,除了同样的物质条件,还提供了成长的机会,能够提升你的心智愈合力。如果你是前来求职的有识之士,会选择哪家公司呢?

决意对心智资本进行投资仅仅是第一步,紧随其后的是有难度的部分:着手去做。心智愈合力到底意味着什么？许多公司和个人对此只是有个大概的了解。我总是见到一腔热血的尝试以失败告终,究其原因,主要是人们在行动前缺乏足够的认识,或是所采取的措施之间存在着冲突和自相矛盾的地方。要想提高愈合力,首先得摸索到这股力量的源头。生活将你击倒时,是什么样的特质助你绝地反击？是什么在推动心智愈合力？这是我们在这一部分接下来要探讨的内容。

提前预览一下要点:增强愈合力的利器就握在我们手中,自控力和意志力将赋予我们动力。第二个途径是有意识地让自己处于意识状态,这将显著减少压力带来的负面影响。随着专注力的提升,认知能力也将得到提升。最终,我们才能够激发出潜藏的乐观天性,并利用它为投资心智资本打下良好的情绪基础。

不去想棉花糖就对了：自控力的价值

什么成就了天才

达·芬奇、莫扎特和爱因斯坦，他们每一个人都用自己的方式改变了世界，也以其独到之处征服了世人，即便离世几十年、上百年，也依旧被人们铭记于心。这些人身上到底存在哪些共性呢？为什么留名青史的是他们，而不是他们身边的那些同事或朋友？

许多人会回答，"因为他们智力超群"，或者"天赋异禀"。人们很容易对能力或是个人的天赋异禀顶礼膜拜。然而，研究表明智力或者天赋对个人的成功仅有 25% 的贡献。那剩下的 75% 来自什么呢？恰巧走运地落入了成功的小概率之中，又或者是冥冥中自有天助？

爱因斯坦将自己的成功归因于他强烈的好奇心。他曾说道："我没有什么特别的天赋，有的只是狂热的好奇心。"不过，他坚信想象力威力无穷。生前学术生涯并不辉煌的他认为，自己的智慧得益于神话故事。"逻辑能帮助你从 A 走到 Z，但想

象力能带你自由驰骋。"他曾如此描述。莫扎特的观点与之相
左。在一篇日记中,这位神童谈到了一支完整的交响乐是如何
一夜之间在脑海中闪现的。"能成就一个天才的,既不是高超
的智商和丰富的想象力,也不是两者的共同作用。是爱,就是
爱,唯有爱才是天才的灵魂。"这便是他对自身天赋的解释。
达·芬奇则认为:"人唯一能够支配的就是自己。"

　　对每个天才来说,成功的解释可能不尽相同。美国的心理
学家安吉拉·李·达克沃斯(Angela Lee Duckworth)是对这个
问题展开研究的第一人。她仔细研读了 300 位"实现了自身价
值的天才"的传记,并试图寻找他们身上存在的共同点——那
些令他们从众生中脱颖而出的特质。早在荷马生活的那个时
代,人类便一直在寻找这个问题的答案。"是什么令伟人伟
大?"达克沃斯给出了第一个有理有据的答案,那个令他们与众
不同的特质叫作"坚韧"。

坚韧：成就的分水岭

　　达克沃斯发现天才身上总是会不断出现两种特质,最明显
的共性是:面对逆境时,不轻易放弃。另一个同样关键的共同
点是乐于寻找新的挑战。在功成名就之前,这 300 名天才,每

一名都曾在各自的项目或能力上不懈躬耕了至少 10 年的时光。不管是短暂的低谷,抑或是长期的坎坷,在事情进展得并不顺利的时候,他们依旧沉迷其中,不能自拔。

达克沃斯将这两种个性特征合并起来,称作"坚韧":一种长久地经受住挑战的能力。结果显示,几乎在所有的个案里,坚韧都要比天赋更能决定成就的大小。最聪明的人不一定能成为最伟大的人。奥地利著名作曲家莫扎特(Wolfgang Amadeus Mozart)的姐姐——玛利亚·安娜·莫扎特(Maria Anna Mozart),就是一个著名的例子。据说她的才华甚于弟弟,但由于她是女儿身,不便在当时的重大场合演奏,所以纵使她才华横溢,却并不为大众知晓。世人普遍认为,达尔文(Francis Galton)的表弟弗兰西斯·高尔顿(Charles Robert Darwin)比达尔文更聪明。达尔文常与这个表弟通信,"先天环境还是后天环境(对人的影响更大)"的议题并不是由达尔文提出的,而是来自高尔顿。只不过,穷其一生执迷于进化论研究的人是达尔文。

许多"伟人"都意识到他们得感谢与其同时代的一些人。另外,他们也普遍承认自己并没有那么天资卓越,其成功背后真正的原因是"坚韧"——尽管他们当时并不这么称呼这一品质。还记得那篇关于交响乐灵感在夜间闪现的日记吗?莫扎特同时还描述了他花费了数月的时间斟酌和改进这支曲子，尽管它在脑海中已经基本成型。爱因斯坦曾说："并不是因为我有多聪明，只是我与问题相处得更久一些。"达·芬奇也曾写道："学习从来不会令大脑疲倦。"你瞧，坚韧被一再提及。

达克沃斯仅仅着眼于历史人物的分析，当然你很可能会从自己所处的环境中找到一些坚韧的例子。威尔·史密斯是美国一位非常成功的说唱歌手、演员、制片人和商人。当被问及成功的秘诀时，他说："我唯一与众不同的地方在于，从不惧怕在跑步机上累死。我绝不允许自己被任何人超越，仅此而已。也许你比我拥有更多的天赋，比我更聪明、更性感，也许在人类拥有的全部九种智力上你都超过了我。但是如果我们一起站上跑步机，就只有两种结果，或者你先下去，或者我跑到虚脱而亡。（成功）就是这么简单。"

坚韧与自控

安吉拉·李·达克沃斯在发现"坚韧理论"之后，继续进行着这一领域的调查研究，这一次的调查对象还包括一些没那么出名的人。她开发了一套仅包含 12 道题的测验来测试坚韧，并将测验发放给所有能想到的人。接受测试的人包括她的学生、体育赛事冠军,还有训练中的士兵。结果显示,与入学考试、智商测试和耐力测试相比,坚韧测试能更准确地预测成功。与此同时,其他的研究者也开始了相关的研究,他们还搜集到了其他的证据——坚韧不仅对被试的人生产生了影响,同时也影响到了他们身边的人。一项以教师为对象的研究发现,拥有坚韧的品质的老师可以帮助他们的学生将特定的科目学得更好,这些学生在后来的人生中也将取得更大的成功。

尽管坚韧研究才刚刚起步,但其中的一个发现已经非常明确,投资坚韧品质将对企业的生命力产生巨大影响。以申请工作为例,由于这一领域缺乏更有效的筛选工具,所以 HR(人事经理)基本依靠学历和工作经验做出判断。应聘者只需手持一份内容丰富的简历,便有极大的可能为自己赢得一个好印象。但根据坚韧理论,HR 应该更看好那些长期从事同一份工作的候选人,这类人往往背景比较单一,不够多样化。前者每隔一两年便尝试一项新的挑战,后者长期执着于一项挑战,因此后者可能更为坚韧。

除此以外,坚韧还会给另一个商业领域带来不小的震荡,那便是管理。如果说坚韧的老师能保证学生们更成功,那企业管理者的坚韧会为员工们带来什么样的影响呢? 管理者们需要参加的可能不再是"客户满意度"和"动机训练"之类的课程,而是那些能提高他们坚韧度的课程。问题是:这可行吗?坚韧可以被赋予或者被培养吗?

坚韧依旧是一项新型研究,好在人们已经逐渐看清了它的基本组成部分。它们是:(1)从长远的角度进行思考的能力;(2)掌管自己行为的能力。这两种能力构成了坚韧品质。在心理学领域,相比坚韧研究,更著名的当属有关自控的研究。

自控不是坚韧的前提,但两者紧密相关。自控力强的人能更好地抵制日常诱惑,因为他们能更好地预见到这样做可能带来的长期效应。那些能掌控自己日常行为的人往往在坚韧测试中也取得了更高的分数。有趣的是,人们对坚韧和自控的看法很不相同。对于很多人来说,坚韧看起来太过抽象,于是人们在做目标排序时,总是把它往后放。而自控则更像是自欺欺人,反正我们每年都在重提这一目标。

每逢一月的第一个周日,你总能看到这样的场景:公园里满是慢跑的人。一大早,他们便顶着刺骨的冬寒出来运动,一个个大汗淋漓,用正确的打开方式,开启新的一年。他们的运动鞋拍打着地面,每一声好像都在说着:今年,我一定会坚持做到的。但是接下来大家便忙于新年聚会,然后是抗击冬季抑郁和春困。好不容易到了四月,又总是在下雨。人们甚至无暇顾及早在一月订下的跑步计划。于是,周日的早晨,公园再度变得空无一人,一片宁静祥和。

新年愿望是一个绝佳的例子,它告诉我们,光靠意志力,人们是无法达成目标的。不管你的意志力有多强,也不管你有多自信,除了意志力,你还需要些别的东西。没错,是自我控制,一种在必要的时候,控制和调整你的情绪、反应和行为模式的能力。

身为万物之灵的人类,我们乐于相信自己的自控力。我们可以决定成为什么样的人,从事什么样的职业以及如何安排生活。直到某一天,人们陷入无望的爱恋,或者不幸染上某种嗜好,又或者无法减掉最后几磅(1 磅 ≈ 0.45 千克)肉,这才意识到一个事实——被视若珍宝的自由意志,实际上不过是美丽的海市蜃楼。人们忍住眼泪,内心满是无助。因为这一刻,我们不得不承认我们的自控力可能没有期望的那么强。

有了自控力,人们便不用总是向冲动就范,在做决定时也不再任由情绪和本能支配,转而变得更加正确、明智。不管是在日常生活中,还是在生死存亡的危机时刻,克制冲动的能力至关重要,能极大地影响我们的生活品质。往小了说,它能减少不必要的消费;往大了说,它能帮助我们做长远的打算。有了自控力,人们不再肆无忌惮地吃甜食,也不再把宝贵的时光终日浪费在浏览网页上。自控力还是一道极佳的防御线,使你远离成瘾和肥胖症,也不会做出破坏性的行为。但是如果自控力对我们大有裨益,为什么我们不让自己具备更强的自控力呢?如果我们承认自己自控力不足,那么下一个问题就是,有没有改进的良策呢?

关于自控的棉花糖实验

第一个将自控纳入心理学版图的是美国研究学者沃尔特・米歇尔(Walter Mischel)。1970 年他做了一项堪称传奇的棉花糖实验。大约 600 名蹒跚学步的孩子参加了实验,他们的任务是单独与一块棉花糖待上 15 分钟。当然,沃尔特想研究的是他们的自控力。他承诺孩子们:如果在规定的时间里,他们能坚持住不把棉花糖吃掉,那么在结束后将得到额外的一块。结果,仅有一小部分孩子迫不及待地把棉花糖吃了。1/3的孩子在整整 15 分钟里一下都没碰棉花糖。

在这一实验中,年龄似乎成了自控力最具决定性的因素。这是因为自控主要产生于大脑前额叶皮层前区——大脑发育最晚的一个部位。研究显示,人在 20～25 岁,前额叶皮层才能发育完全。因此,孩子的自控力逊于成年人。第二个重要的决定性因素在于家庭环境。在被调查者中,与有双亲陪伴的孩子相比,离异家庭的孩子更经不住诱惑。

故事到这里并没有结束。20年后,一项后续研究带来了突破性的结果。当年棉花糖实验的参与者接受了调查,结果显示,与那些吃掉棉花糖的孩子相比,当年赢得第二块棉花糖的孩子过上了更好的生活。年幼时,他们便展现出更强的自控力。成年以后,他们身心更健康,取得了更高的学业成就,也享有更高的收入。相比较而言,他们的嗜好更少,成为犯罪分子的概率也小得多。

近期的研究也证实了这一点:童年时期的自控程度预示着成年后的身心健康状况。一项来自新西兰的研究格外引人关注,这一次的研究对象为双胞胎,研究时间长达27年。结果显示,在同一家庭背景下,自控力弱的参与者健康状况更差,遇到了更多的财务问题,在其30多岁时,参与了更多的犯罪活动。

乍看上去,这些结果简直令人沮丧。它们好像在暗示,自控力是天生的。如果很不幸的,在出生时人们没有自带这种属性,那他们这辈子就注定要失败了。但是精明的观察者也能领悟到,米歇尔的研究中也暗藏着好消息:棉花糖实验表明先天的智力或社会地位对成功的影响都不及自控力。后来,来自芝加哥大学的诺贝尔奖获得者詹姆斯·赫克曼(James Heckman)详细阐述了这一假设,安吉拉·李·达克沃斯继而在此基础上形成了自己的坚韧分析。

自控力能被习得

一方面,多项研究证实,人们确实能够通过学习获得自控力。另一方面,控制冲动的能力产生于大脑前额叶皮质的三个部位:背外侧前额叶皮质(DLPFC,大脑中的执行部位)、腹正中前额叶皮质(VMPFC,控制情绪的部位)和前扣带回皮质(ACC,处理疼痛的区域)。前额叶皮层区同时也被认为是智力发育的部位,而这并非巧合。这似乎与大众的认知一致了:自控力强的人通常被认为很"明智",因为他们懂得"谋定而后动"。所以从某种程度上来说,同智力一样,自控力也由先天条件所决定,也就是由基因决定的。

当然,这可不是故事的全部。大脑的可塑性超乎你我的想象。"任何时候开始学习都不嫌晚",这句话对我们的行为而言,也是真理。但是另一句老话也不假:好的开始是成功的一半,如果在早年形成良好的习惯,人生将大不相同。

参加棉花糖实验的孩子们,年龄介于 4 岁和 6 岁之间。自控力作为预测他们未来成功与否最重要的因子之一,同时也是大脑中发育最晚的一个功能。一般来说,我们大约在 5 岁时才开始萌生自控意识,虽然有些孩子可能会早一些。

年幼的孩子大多会和父母玩捉迷藏这一经典的游戏。通常家长会从这个游戏中察觉到,孩子变得更加讲道理了,也开始尝试控制自己的冲动。父母会藏到椅子或毯子的后面,然后再从另一个地方钻出来。父母和小孩都很热衷于这个游戏。9 个月大的婴儿已经学会到你消失的地方去找你,换句话说,他们已经克制住总到同一个地方找你的冲动,转而开始理解如果他能换个地方找找,成功的概率将会更大。

当角色开始互换,也就是这些蹒跚学步的小娃娃决定开始躲藏的时候,游戏才真的变得好玩。初次尝试,他们总是一下就被找到了:只要爸爸或者妈妈一走进房间,孩子们就按捺不住激动,蹦了出来。此刻的他们还没法耐下心来。第二次,孩子们虽然不会立刻现身,但是通常也会暴露踪迹,因为他们不是咯咯地笑,就是大叫一声:"你是找不到我的!"只有当孩子熟悉了这个游戏之后,才会找到更好的藏身之处,也才会逐渐有能力克制住被你找到的冲动。所以从本质上来说,和孩子玩捉迷藏是教会孩子克制自身冲动的一个方法,同时还是一个令人愉悦的方法。

当然,想要提高孩子的自控力,光靠玩捉迷藏是不够的。健康的饮食和充足的睡眠是健康发育的先决条件。对大脑的发育来说,同样如此。试想一下,如果你睡眠不足,或者饿着肚子去超市购物,你又能把自己控制得多好呢?对于培养孩子的自控力来说,父母的榜样作用也非常重要。这就是嗜好之所以代代相传的原因之一。

尽管上述的因素都很重要,但亲子关系起着决定性的作用。对于有良好安全感的孩子来说,他们控制行为的能力发展得更早,也更好。养育过程中,孩子是否得到了前后一致的要求和对待,对培养孩子的自控力至关重要。这一点也在棉花糖实验的后续研究中显现出来。这一次,孩子们被分成两组。等候室里,实验者向孩子们承诺会给他们崭新的铅笔。实验开始后的几分钟,第一组的孩子便很快得到了铅笔,第二组却一直没有得到铅笔。接下来,实验者安排两组孩子进行棉花糖实验。

两组实验的结果迥异。第二组的孩子认为实验者不值得信赖,便很快吃掉了糖果,小组的平均等待时间仅为 3 分钟。

而那些得到铅笔的孩子们,因为信任实验者,小组平均等待了12分钟之久。

对于那些总是无法信守诺言的父母,或是频繁改变心意的父母,又或者总是出言恐吓却从不执行的父母来说,他们的孩子早早便不再相信"延迟满足"的道理了。他们总是追求"即刻满足",因为迟迟不来的奖励令他们失去了信心。对于那些靠不住的老师也是一样,他们通常管不好自己的班级。

你身边可能也有一些出了名的狂热分子,他们似乎每个月都在尝试不同的爱好,因为在真正能做好其中任何一项之前,他们便选择了放弃。对于那些总忍不住贪吃甜食的成年人来说,只要远离甜食,自己便能瘦下来,但问题是他们根本不相信这一点。

良好的亲子关系往往有赖于父母的安全养育,是正向教育和积极发展的基本条件。许多父母在得知自控力对成功的预测作用后,便格外关注,不遗余力地激发孩子的这一特质。这一运动的民间领导者便是"美国虎妈"蔡美儿(Amy Chua)。这位耶鲁大学的法学教授凭借她的书《虎妈战歌》(*Battle Hymn of a Tiger Mom*)激怒了全世界的父母。在书中,她解释了中国的妈妈从严管教,不断激发孩子的自控力,因此她们比西方的妈妈更会培养孩子。根据蔡美儿的说法,西方的养育过多地关注自我实现,让孩子"随心所欲",以至于这些孩子们(纵有社会经济的优势)在各个方面都没有达到自己应有的水平。

蔡美儿饱受指责,因为人们认为如今的孩子已经承受了巨大的压力,而她的方法继续逼迫孩子,直至他们进入绝境。她对孩子的期待被描述为冷酷无情,同时还是会起反作用的:如果父母不断向孩子施加控制,便无法激发他们自控力的发展——至多,孩子们只是更听话罢了。为了取悦父母,孩子会好好表现,但那并不是他们自己。而在日后,当父母的权威消失了,可能会产生相反的结果。

但是,我仍然觉得有必要提到的是:在对孩子的养育中,今天的父母并没有给予自控力足够的关注。所以,父母、教育工作者和学校必须承担起这项重要的工作,更加关注自控力。这并不是因为他们参与得不够,或是不够关心,而是因为他们一直以来都控制得太多了。与以前相比,现在的孩子成了在温室中长大的花朵。他们被保护得很好,不会发生意外或是遭到欺负,就连成绩单也变得含蓄又友好,甚至连疾病和悲伤都很少遇上。他们会带着手机去上学,放学时只要在学校门口等待,便有车接他们回去。是不是存在这样一种可能——我们对孩子过于保护,从不给他们机会面对诱惑,这样一来,他们便没有机会学习如何应对,直到某一天真的独自面对诱惑了,才悔之晚矣? 就如同那个被引入驴岛的匹诺曹,不正是因为轻信了第一个马戏团老板夸下的海口吗?[1]

你无法仅仅通过他人的陪伴和展示学会自控;你必须敞开心扉接纳它,并不断练习。唯有通过体验和训练,你才能真正掌握它。

自控力养成的 4 项原则

培养孩子自控力的方法也极大地启发了我们如何提高成人的自控力。诚然,自控力的底子在童年时期便早早打下了,但成年以后,如若你想,还是能够取得很大的进步的。不管是培养孩子的自控力,还是大人的自控力,都需要遵循以下的原则:首先,相信延迟满足;其次,从内部驱动;再次,通过分散注意力来进行自我调节;最后,限制自我损耗也很重要。当然,除

---

[1]　疑为作者笔误,马戏团老板未骗匹诺曹,还给了他金币。此处涉及两个情节:①狐狸和猫骗匹诺曹去了"the City of Simple Simons"(即愚人城),"Simple Simons"和"donkey"(驴)在英语中均有"愚笨"之意。(《木偶奇遇记》chapter12 可查。)②匹诺曹被坏朋友灯芯草骗去"the Land of Toys"(即玩乐国),之后变成了"donkey"。(《木偶奇遇记》原文 chapter31、32 可查。)根据前后文,推测此处为第一个情节。

了原则,我们也有提高自控力的具体方法,这部分内容将在后面的章节中进行探讨。

原则 1 延迟满足

对提高自身或他人的自控力来说,首先也是最重要的方法——加强或重树对长期回报的信心。一生中,每个人的这一信心都曾遭受打击。有时候,是缺乏天时地利人和;有时候,却是某些人有意而为之。然后我们会一遍遍追问自己:"到底为什么还要坚持?"对延迟满足的信心丧失得越多,人们便越不愿相信它。对长期回报的信心丢失得越早,人们便越难以重树。

药物咨询室里每天都有这样的例子。成瘾患者似乎难以被说服,他们不相信通过戒除毒品,生活能够重回正常的轨道。重度成瘾案例的背后总少不了一个悲伤的童年,他们对未来的信心一次次地遭到打击。咨询师们花费了很大的力气劝说他们通过远离毒品来改善生活,但常常不见成效。想要重树他们对未来的信心,唯有尽快呈现效果。

在对抑郁症的治疗中,重获对未来的希望总是第一步。对需要戒掉嗜好的人和需要克服抑郁症的患者来说,相信未来何其重要。对想要坚持节食和学习一门外语的人来说,同样如此。当体重以肉眼可见的速度减少时,节食计划总是最容易坚持下去的;当学习者可以从对话中发现自己的进步时,语言学习也才是快乐的。

倘若人们压根不相信能收获积极的结果,那么任何事情都难以坚持下去。当事情进展的速度不及预期时,人们很容易放弃。通常,他们为了避免失望,容易降低自己的目标。对害怕失败的人来说,这般"自我设限"的策略非常普遍。从短期来说,这种策略可能是有利的(毕竟,你躲过了失望);但是从长期来说,是非常不利的。

重树人们对未来的信心并不容易,但也不无可能。若它是某种疾病或缺陷,接受治疗,便能攻克。培养积极的心理也有其疗法(见后文"乐观的力量,足以解释一切"部分)——比如马丁·塞利格曼(Martin Seligman)的 PERMA 模型——在很多案例中,它都曾大显身手。

对公司和组织来说,要想让员工们相信延迟满足的原则,保持一致性尤其重要。人事政策朝令夕改,将会极大地降低员工们的幸福感和工作参与度。如果能让员工清楚地知道努力工作一定会有回报,会对管理者们大有裨益。当然,这还基于一个前提:公司的政策不与第二个自控力的原则相冲突,这一原则便是从内部驱动。

原则 2　从内部驱动

乍一看,自控力的第二条原则与延迟满足原则恰恰相反,因为根据第二条原则,所有的奖赏系统其实都不奏效。即便这一结果是经过观察得到的,但依旧令人难以接受。事实上,对奖励的预期会显著破坏我们的内在动力和学习能力。尽管心理学家早在 20 世纪 60 年代就发现了这一原则,但它显然没有渗透进商业世界。在经济领域,保险、奖金及其他福利构成的激励体系早已牢固建立起来,但研究显示,这一体系对员工的内驱力而言,实则是灾难。对学生和孩子来说,这样的负面作用同样存在。研究显示,奖励只具有短期效应,并不能带来态度和行为方面的持久变化。社会心理学领域的许多研究结果显示,同无所期待的员工相比,期待奖励的员工的工作要逊色一些。

这样的例子不胜枚举。有偿献血的时候,志愿者总是要少一些;当孩子参加智力测试时,如果每答对一题就能获得奖励的话,最终得分反而要比其真实水平糟糕;因努力而获得父母奖励的孩子,学业反而平平;赢得奖金的员工工作反而不会太尽力。

问题在于奖励会破坏人们内在的动力。首先,它会决定你的工作绩效。设想一下:老板承诺,如果部门的收益增加 2%,

就能得到奖金。为了多挣点钱，在接下来的几个月里，也许你会工作得更卖力一些。但是，这样的奖励实际上是把双刃剑。如果老板下次不再承诺任何好处，你可能会猜测是不是老板对哪里有意见。你可能会在内心思量着，上次有额外的奖励，这一次为什么没有呢？第一次的奖励其实为接下来的工作立下了一个标准，如果这一奖励机制再重复多次，那员工便会更加依赖奖励行事。一旦取消了奖励，他们就会立刻停止努力。

奖励不奏效的第二个原因与上一个原因有关。因为工作本身的乐趣失去了吸引力，相反，获得奖品成了最令人激动的事情。两者产生的不同效果在学生身上体现得最为明显。在年轻的学习者当中，那些只为了获得证书而学习的，往往只记住了最少的知识，而另一些对学科内容感兴趣的学习者，却能轻轻松松地进入心流状态。通常，他们对学习结果（证书）并不十分在意，真正吸引他们的是学习的内容。因为知识本身如此有趣，所以他们想要真正掌握这门学科，而不是只想获得最终的分数。结果有些讽刺，这些不在意分数的学习者反而获得了更好的成绩。

奖励起反作用的第三个原因在于，它是一种赤裸裸的操控。事实上，奖励就是改头换面的威胁。如果你向孩子承诺，做完作业能得到糖果。孩子就会理解为,如果作业没做完,他将受到没收糖果的惩罚。短期内,你可以通过威胁得到想要的效果,但长期看来,这么做会播下不信任和怀疑的种子。你无法迫使他人产生内在动力,惩罚的方式行不通,奖赏系统也很无力。

显然,对公司的发展来说,自控力的这条原则意义深远。实际上,它意味着,公司的管理者们有必要重新考量一下自己的人事政策。但这并不容易,因为员工们可能早已适应了有奖赏系统的公司文化,如若贸然改变,他们定会加以抵制。与此同时,虽然有关奖赏系统会带来消极影响的研究正在飞速发展,但是研究者尚未发现任何潜在的积极有效的替代机制。如果现在要废除奖赏系统,你有能够替代的好办法吗?

在这一点上,研究者们还有很长的路要走,不过目前我们获得了一些有趣的提议。如果是公司,可以尝试着弱化物质激励,转而打造令员工认同和感恩的公司文化。激发员工的自主性同样是一个有趣的过程。作为个人,你也可以做出改变。虽然公司执行奖赏系统,但你不妨找一找真正打动自己的是什么。你的动力是来自客户的积极反馈吗? 在预计范围内,按时完成工作任务令你激动不已吗? 对诸如此类的东西多加留意。

如果你同时还得到了经济上的奖励,那确实很棒,但别把它当作你的终极目标。尝试着这样去做,积极主动地提升你的自控力,小心潜在的诱惑或陷阱,并及时做出相应的调整。

我曾给一家公司的人事经理提供过咨询和服务。当时,那家公司充斥着员工们的不满。起因便是,由于经济前景比较暗淡,公司拖欠了曾经承诺给员工的奖金。整个公司上下,这一话题始终甚嚣尘上。管理团队让员工付出的任何努力,其代价都被计算好了。哪怕是一分钟的加班也会遭到强烈的抵制。公司的管理层和员工之间常常剑拔弩张。管理者们觉得,只有在领取奖金的时候,员工才是积极的,他们丝毫不关心公司的利益。

偌大一个公司,正危在旦夕。人事经理的应对之策是重新起草一份《人事手册》,对绩效和奖励做出清晰的规定,也写明什么时候能获得奖金。公司不仅要挽回员工们对公司的期待,还要提高他们的工作满意度,这两者都很重要。公司开始重视员工内在动力的提高,比如给员工更多的权限,令其更自主地工作。公司鼓励他们在工作中融入一些让自己感到舒心的元素或发挥更多的专长。员工有充分的自由去选择用什么样的方式达成目标,在此期间,管理者也会减少介入。公司不再专注于员工能达成什么,而是他们打算如何达成。

原则 3　分散注意力,进行自我调节

最重要的那些发现是如何诞生的呢? 众里寻"它"千百度,偏偏总是一无所获。而当你另有所想,它们却不经意地出现了。只消想一想当年哥伦布是如何发现美洲大陆的,或是在体温过低研究中意外诞生的起搏器,你便能明了。自控力的研究也同样如此。米歇尔当初做棉花糖实验,想研究的是自我调节,而并非自控力:人们控制情绪和行为的方法。而且他想排除文化和社会期待对人的影响。为此,他特意选择了不谙世事的孩子作为实验对象。简单地说,他想知道,人类与生俱来的自控方法有哪些? 哪些方法是最为有效的?

屡见不鲜的是,米歇尔最初的研究主要集中在孩子们用以防止自己吃棉花糖的各种方法上。在他的描述中,你会发现有的孩子尝试着把视线从棉花糖上挪开,他们捂住双眼,或者转过身,背对着棉花糖;另一些孩子为了抵抗诱惑,则会拉扯自己的头发,或者踢踢桌脚。有些孩子甚至抚摸着它,就好像它是一只毛绒玩具。

总的来说,我们可以把这些自我调节的方法分为以下5种:(1)尝试回避情景;(2)尝试改变情景;(3)转移注意力;(4)调

整对情景的认知；(5)压抑反应。从棉花糖实验的结果我们可以得知，在这5种方法当中，最有成效的是通过分散注意力来转移注意力。实验中，那些唱歌、自言自语或者钻到桌子下面的孩子触碰棉花糖的次数最少。

通过分散注意力来自我调节的方法极为有效，不仅能用在孩子身上，使他们少吃糖果，在情绪控制方面，它也是一条知名的原则。当我们被愤怒、悲伤或恐惧的情绪控制时，给自己打个岔是减少痛苦体验和避免失控的最好的办法。这也解释了为什么人在生气时最好去运动1小时。注意：这只是权宜之计。长期看来，回避情绪是非常不利的。是的，你没有听错。

关于应对情感上的失意，沃尔特·米歇尔本人的观点堪称简单粗暴："分手后，来两片阿司匹林，不要抱怨。"难以置信，这番话竟来自一名心理学家。但其实，原因是显而易见的：阿司匹林能帮助你快速弱化情绪体验，因此你无须用太多的时间来消化情绪，用不了多久，你便能以客观的视角来看待失恋了。

除了能缓解上述的极端情绪，分散注意力还能有效减少忧虑。那些让许多人猝不及防又难以摆脱的思绪简直就是灾难。在下一章节（有关意识状态）里，我将更透彻地探索有意识地处理杂念的方法。此刻，我会管住自己，只同你谈谈分散注意力是如何帮助我们阻挡忧虑的。

当烦恼出现时,有意识地将注意力集中到某个具体的事物,这样一来,大脑便别无选择,只能跟着你走。美国心理学家丹尼尔·韦格纳(Daniel Wegner)在他所著的《白熊实验:如何战胜强迫性思维》(*White Bears and Other Unwanted Thoughts*)一书中描述了"策略性分心"的技术。这一方法在于给大脑分配一个需要注意力才能完成的小任务(例如,从100开始倒数、解字谜或读一篇文章)。一个叫作"不要去想白熊"的游戏能最好地说明这一方法。游戏中,参与者们即便用尽全力强迫自己不去想白熊也难以成功,真正好的方法是不妨想想黄熊或是绿熊。

一旦类似的某个念头出现,你便采取这种"策略性分心",久而久之,大脑便会明白,这个念头对你来说已经不重要了。除非你有意识地去召唤它,否则这一烦恼便会被抛诸脑后。

用分心来进行自我调节,这一策略对个人来说非常实用,组织和公司也一样可以使用。设想一下,会议正在进行,一个难题反复出现,你们难以取得进展。此刻,或许把问题搁一搁,择日再议反而更有帮助。你也可以对此有所预料,并准备好一个备用的议题。工作中,如果遇到了糟心事,给自己叫停,短暂休息一下。外出散散步，做个冥想，或者专注于自己的呼吸，这些都能给你带来意想不到的结果。

原则4 限制自我损耗

最后一条原则同时也是实现自控最大的挑战——"意志力耗尽"或"自我损耗"。只要一提起美国心理学家罗伊·鲍迈斯特（Roy Baumeister），人们便会想到他在意志力方面的研究。他也是对"自我损耗"原则进行描述的第一人。在佛罗里达州，鲍迈斯特发现那些在执行某一具体任务中表现出极佳自控力的人，在执行下一个任务时，自控力明显降低了。

鲍迈斯特做了许多不同的实验来验证这一发现。比如，一群饥肠辘辘的学生走进教室，桌上放着刚刚烤好的巧克力饼干。一组学生被单独留下，亨用巧克力饼干。另一组学生被告知不得触碰散发着诱人香味的饼干，但是可以随便享用桌上的萝卜。随后，两组学生都必须开始解题。事实上，题目非常复杂，根本无解。第二组学生很快便放弃了。显然，他们在抵制美味的饼干上耗费了太多精力，以至于没有足够的意志力来长时间钻研棘手的问题。在另一个实验里，参与者们被要求把手放进一盆刺骨的冰水里，并尽可能坚持得久一些。参与者们也被分成了两组，一组直接接受冰水挑战，而另一组需要在挑战前做出若干有些难度的抉择，例如接下来你想收到什么礼物。实验结果表明，后者在冰水中坚持的时间更短。两个实验都说明了：意志力也许不是取之不尽，用之不竭的。

由此，研究证实了，依靠意志力来克制冲动的人，终会遇上意志力耗尽的时候。经历过节食的人们对自我损耗原则一定非常熟悉。远离那些曾经最爱的美味，改变多年形成的饮食习惯，这无疑需要持久的自制。这些人中的任何一个都可能向你证明这样一个事实——这么做并没有令他们更快乐（当然这是在节食刚开始的时候）。同不需要长期监督自己饮食习惯的人相比，节食者们的反应更加情绪化，也更加冲动。这一点在实验中得到了证实。于是，有些人把不开心的情绪归咎于吃沙拉，然而他们之所以感受到这些不可控的情绪，实际上与意志力耗尽有关。戒烟的人也有相同的体验。刚开始的时候，他们似乎难以集中注意力，在情绪控制上也显得力不从心。这并不是因为香烟能给人带来快乐，或使其更专注。真实的原因在于，香烟总是在濒临自我损耗的极限时出现，给了人喘息的机会。

以下是一些避免或缓解自我损耗效应的方法。有一个策略叫作"如果……那么……"，你可以将它用于多种不同的任务。你可以在执行完每一个任务后，奖励一下自己。这样一来，你便在任务之间营造了一种愉悦的氛围，因此在你开展下一个任务时，心态能够更为积极。在需要消耗自控力的任务之间，你也可以短暂休息一下，以便调整和恢复。久而久之，你便能知道自己的调适间隔需要多长时间。注意身体健康也很重要。困顿疲乏或是饥肠辘辘时，人们更容易到达意志力耗尽的边缘，所以，切记及时补充能量。

不论是在工作中，还是社会生活中，若想增强自控力，便不能无视自我损耗。请不要误解，限制自我损耗原则并不意味着你无法增强自控力。鲍迈斯特将自控力比作肌肉：如果不加训练，我们便无法好好利用它们，也很容易感到精疲力竭。但如果在重大赛事之前过度训练，也会达到相同的效果：比赛一开始你便因过度的训练显露疲态，难以发挥出最佳水准。相反，一个计划周全的训练方案往往会包含许多低负荷但却有规律的练习，它确实能够帮助人们增强自控力。

来自澳大利亚新南威尔士大学的研究者们曾开展了一项试验。他们要求学生在两周内用自己不常用的那只手去处理日常任务。两周后，学生在面对攻击时表现出的自控力显著增强了。因为学生们在使用"非惯用手"时，需要压抑本能的冲动。如果能在某个具体的领域(在上述试验中为使用"非惯用手")做到这一点,显然,人们也能在其他情况下做到压抑自己的本能反应。

有意识地控制自己

如果你参照上述4项原则去执行,自控将比设想的容易达成。通过重树对延迟满足的信心,不让奖赏系统破坏自己的内在动力,利用策略性分心进行自我调节,尊重自我损耗的极限,我们将更好地掌控自己的生活。

一切行动总是始于理解与认同。所以,在我们打算这么做之前,先来看看这4项原则是如何影响自控的。反过来说,光有洞悉力和领悟力也不够,我们还必须付诸行动,将它们变为现实。要想启动这些步骤,我们还离不开提高愈合力的另一项技巧:有意识地让自己处于意识状态。自控既受到无意识的影响(回忆　下之前提过的内在动力机制),也受到有意识的影响(通过自找调节)。有意识地调动自控力并不仅仅意味着努力影响意志力,还在于将无意识的机制转变为有意识的策略。

我的客户桑德琳曾受到自控问题的困扰,从她的故事中,你能清楚地看到她是如何做到自我掌控的。桑德琳脑海中常常涌现出对工作的负面想法,即便努力压制,这些念头也总能占上风。我同她一起找寻了许多方法来更好地觉察冲动,并尝试用干扰性的念头替换这些负面想法。比如,当她感到压力袭来时,便会把注意力集中到呼吸上,感受空气通过鼻子被吸入和呼出。当然,这一技术不一定适用于每一个人——你要找到对自己最有效的技术。在桑德琳的案例中,限制自我损耗的原则也非常重要。常常是一天的工作还没有开始,她就已经精疲力竭了。现在,她会把最重要的任务安排在早晨,也就是头脑最活跃、精力最旺盛的时刻,同时尽可能地避免各种干扰。到了下午,精力有所下降的时候,她就会完成一些日常事务,比如回复邮件,或者跟进一下工作日程。

什么令阿基米德裸奔:有意识地让自己处于意识状态

进入意识状态的入口，十分狭窄

今天早晨你去了哪里？当你坐进车里或是坐上火车,抵达办公室之前,这一路上你想了些什么？你还记得在那一个小时或半小时内,脑海中闪过的念头吗？若是努力回忆,也许你能记起那个开车有些粗野的司机,或是在火车上,邻座那个难以坐稳的女士。也许孩子让你操了会儿心,又或者你在担心那份看似无法完成的任务。但这些思绪并没有占据所有的时间,那么其他的时间,你在做什么呢？

"我思,故我在。"这一有关人类意识的问题,同心理学家和哲学家已纠缠了几个世纪。在很长的一段时期,人们都认为,人类作为善于思考的生物始终都处于自我觉知的状态。那些反对笛卡尔的著名口号的人们提出了——"我在,故我思"。但直到现代神经学研究的出现,笛卡尔的构想才遭到了抨击,几乎被全盘否定。人类常常思考,这确实不错,但并非始终都在思考。我们的意识状态并不是在每天清晨一睁开眼就能自动进入的,而是一种可以通过自我控制等技巧暂时进入的状态。

来自荷兰的伯纳德·巴尔斯(Bernard Baars)是世界闻名的神经学家,他提出了开创性的全局工作空间理论(Global Workspace Theory),其中,他将意识比作一个剧院。在意识的剧院里,聚光灯照射着乐队指挥台。这个被照亮的区域便是我们意识的一部分,演员们在这里解说剧情,或交流互动。观众区域没有灯光,因此什么也看不见。导演、编剧、舞台监督和提词员坐在舞台的两侧,这里也是漆黑一片。他们能决定让观众看到什么,但自己却从不现身。

在过去的 20 年里,科学家们在我们的"意识剧院"里得到了一些了不起的发现。第一个想同你分享的便是——人们获得信息的方式可以是有意识的,也可以是无意识的。这可能和我们对意识的理解相矛盾,但是每个人都曾经历过无意识地接收和加工信息。比如,你冲着一个叛逆期的孩子发脾气,因为不管你对他说什么,他总像是从左耳进,从右耳出。或者,旁边的同事在打电话,而你在看一份报告。我们能够听到和看到信息,感官是打开的,但是信息并没有真正被吸收。

在扫描大脑的过程中,人们可以清晰地看到"意识状态"和

"无意识状态"之间的差别。当我们不加注意时,信息会作为感官体验进入大脑,但它便止步于此了。唯有我们主动吸取信息,它才能继续往前,进入大脑更深的区域。新旧信息在那里发生关联,在比对之后,我们才会对信息做出自己的解读和取舍。

这种无意识状态下的现象不但解释了为什么有些东西就是无法抵达大脑深处,也让我们明白了,为什么人们能够背诵整段拉丁语甚至是韩语(《江南 Style》便是最好的例子),即便他们不明白其中的任何一个字。

尽管无意识状态直到最近才由巴尔斯从研究中发现,但人们早在几百年前就同它打起了交道。另一方面,虽然仍有一半的大脑未被开发,但同过去相比,我们已经能有更多的作为。进入意识状态的入口十分狭窄,大脑的生理特质决定了,在同一时间,我们无法有意识地纳入不同的东西。而今天人们恰恰是这么做的,多任务并行的工作方式大行其道。但是,我们就算再怎么努力尝试,多种想法和任务也无法同时挤进这扇窄门。

出走的心智

这是一个充斥着各种干扰的时代。身边的信息在不断地争取——甚至是抢占我们的注意力。来电铃响了,邮箱提示收到新的邮件,社交网络也在索取关注,电子屏幕和广播随处可见,从里面传来的新闻和娱乐信息足以将我们湮没。我们的大脑就像一座大炮,被这些吸引注意力的磁石牵制着,忽前忽后,没了主意。

为了逃离这些大量涌入的信息,大脑自动溜进了无意识状态。哈佛大学的两位心理学家马修·柯林沃斯(Matthew Killingsworth)和丹尼尔·吉尔伯特对"心智游移现象"(mind wandering,即走神或分心)进行了研究并发现:虽然我们认为自己一直在干活,但事实上,至少有47%的时间没有真正投入其中。即便做到了专心致志,仍有30%的时间,心智是游移在外的。

生活中有一半的时间,心智都飘忽在别处。这样一想,确实令人震惊,但你我身边,这样的例子比比皆是。你爬上楼,走进房间,心想着要找某样东西,但却一点儿也想不起来要找的东西是什么。于是你四处打量,寄希望于能发现一些线索,帮你想起最初要找的东西。就像是患上了短暂性的痴呆,你无论如何也想不起来,只好懊恼地下了楼。突然间,那个要找的东西跳进了你的脑海。

会议中,你正在听一名同事滔滔不绝地阐述自己的论点,但等到他询问你的想法时,你的思绪早已飘到了九霄云外,唯一留在脑海中的是他最后说的几个字。尴尬之余,你只好承认:"抱歉,我刚才没有在听。"泳池边,你正在看书,第二章读到一半时,前面却忘得差不多了,只好从头看起。朋友问起你昨天看的电影怎么样,一瞬间,你却连电影的名字都想不起来了。大街上,一名同事迎面走来,你想把他介绍给自己的同伴,即使你们每天碰面,但这会儿你却突然连他的名字也叫不上来。"孩子今年多大了?""6 岁。""不,是 8 岁。"这样的对话听起来似曾相识吗?还有钥匙,想找的时候却总也找不着。这些不再是醉心学术的迷糊教授的专利了,也不再是昏头昏脑的嬉皮士的写照。类似的大脑短路,成了每个人的日常。

每 80 秒一次的"溜号"

　　走神时,我们的大脑里到底在上演着什么?美国埃默里大学的神经学家温迪·哈森坎普(Wendy Hasenkamp)对此进行了调查。在功能磁共振成像扫描仪中,14 名参与者每天都练习冥想。哈森坎普认为,冥想时,人们对走神十分敏感。而且冥想的目的就在于教会我们如何更快地发现大脑何时想要"溜号"。被试都是热忱的冥想练习者,因而也是训练有素的"神游者"。

研究者要求，一旦参与者们在冥想过程中觉察到自己走神了，便按下按钮。结果，在 20 分钟的冥想中，参与者们平均每 80 秒便会走神一次。而找回心智，再次投入冥想则平均需要 12 秒。

哈森坎普说，不妨将心智游移时的大脑比作开启了自动驾驶模式的飞机。而这架飞机的自动驾驶仪则位于我们大脑中的内侧前额叶皮层（medial prefrontal cortex，MPFC），这一区域与联想、长时记忆、情绪管理以及时间感知有密切联系。

心智自由游荡时，恰恰这一区域开始变得活跃，这一点便说明了走神本身并不是浪费时间。与之相反，游移的心智能够关联新旧信息，将其梳理连贯，还能处理情绪。柯林沃斯和吉尔伯特甚至将走神形容成"杰出的进化成果，人们因此得以学习、推理和计划"。如今，社会压力巨大，我们似乎总是在各种待办事项中奔波辗转，偶尔放飞下心智真的没什么坏处。

所以走神本身不是个问题，问题在于它什么时候发生，以及它是如何影响我们的。是开会时，项目交付日期逼近时，任务完成前夕，还是躺在车轮底下的那一刻？那无疑都是些不合时宜的时刻,令人尴尬,甚至会威胁我们的生命。

心智"溜号"的另一个问题在于,除了先前提到的积极意义,它也会给我们带来负面感受。实验中的这一发现也困扰了柯林沃斯和吉尔伯特。先于他们的研究者已经发现,不快乐的人们更容易分心。而他们的研究第一次显示了这一结论反过来依旧成立:研究中的参与者声称,与集中注意力时相比,走神的时候,他们的消极感受显著增多。

所有过往的哲学传统都建议人们抑制多余的想法,尽可能地活在当下,感受当下。如今,多亏了科学,我们终于知道为什么说:心不在焉会使人不开心("A wandering mind is an unhappy mind." 为西方谚语)。

我们都知道,心情越糟糕,人们越难以集中注意力。反之亦然,越是对思绪不加控制,人们就越会感觉糟糕。相思病便是最好的例子。如果恋情不顺心,那么事事都变得不顺心。分手后,我们常暗自神伤,难以抽身,对周遭的一切都打不起精神来。

然而,研究者们没有止步于此,他们对心智游移进行了区分,得到了两种形式:一种由环境激发,另一种则是由某些令人牵挂的念头激发的。柯林沃斯和吉尔伯特将第一种形式的走神描述为大脑进行自我完善的活跃状态。神游片刻,大脑获得了加工和存储信息的时间。这种走神自然对我们极为有用。第二种走神发生时,人们往往身陷负面情绪。说来你可能不信,这一类型的走神也有其用处。我将在策略性分心部分继续谈论这一话题。

3 种技术助你拥有上佳的意识状态

对于走神,现代人又爱又恨。一方面,我们因为无法保持专注而感到懊恼;另一方面,我们心里明白,超负荷运转的大脑需要"放飞一下自我"。想要一石二鸟,我们不妨这么做:通过对意识状态的训练,学会更好地专注、更好地放松。

技巧 1 正念

时下,正念是个时髦的概念。所到之处,人人都建议你"做个有心人",从管理自己的想法,到不辜负盘子里的美食。正念被视作"善于接纳"的生活态度,秉持正念的人们努力活在当下。

关于乐于接纳,人们常常忽略了一点:它不是我们选择的结果(也就是说,不是我们想做就能做到的),而是需要通过冥想训练才能达成的。现代正念之父——卡巴金甚至认为,如果缺乏必要的训练,人们将永远无法做到正念。它不是你可以坚持的哲理,而是需要不断练习的实践。我们就算翻阅再多的相关书籍也无济于事,唯有开始练习冥想,所有的理论才能派上用场。

正念为何如此流行? 我们都知道,长期抑郁和焦虑障碍是心理治疗领域的难题,行之有效的疗法并不多,而正念正是其一。如此一来,人们对正念的大力推崇便不足为奇了。

即便是最为快乐的人,也能通过正念训练更好地集中注意力、提高工作绩效,以及有意识地让自己处于意识状态。现在让我们回到正念训练本身吧,毕竟它要求我们关注当下,比如关注你的呼吸。这是正念初习者们的经典练习。冥想新手们感到自己的思绪始终在四处游荡,他们常常为此而沮丧。也许他们并不知道,冥想就应该这样。专注冥想的目的就在于帮助练习者识别出心智的游移,从而使其更快地回到先前的活动中——专注于呼吸。通过一段时间的规律训练,正念练习者便能够在日常生活中使用这一技术,他们能在需要的时候快速召回游移的心智,投入专注状态。

由卡巴金开发的减压正念练习(Mindfulness Based Stress Reduction,MBSR)能够明显减轻抑郁、焦虑及其他应激反应的症状:

参与练习的患者们再次参加检测,与练习前进行对比发现,被检测出的症状减少了。最近,研究结果更加令人震撼:一天高强度的正念练习会改变某些分子的基因表现。神经学家们分别在美国、西班牙和法国开展了对照试验,一组参与者进行长达 8 小时的正念练习,另外一组做了一些与冥想无关的、安静的活动。实验前,两组之间的基因表现没有差别;而 8 小时后,两组产生了明显的差别。在对冥想组的检测中发现,掌管炎症的基因在练习之后不那么活跃了。我相信,未来的研究将会揭晓,如何通过正念和专注练习,帮助我们减少炎症和疼痛。

正念于我们的身心大有裨益。而今,这一技术已被引入商业领域,同样获得了成功。正念专家安迪·普迪科姆(Andy Puddicombe)在他著名的 TED 演讲[1] 中谈到,"每天正念 10 分钟",你的公司将截然不同。这一论断目前已被研究证实:在简短的冥想练习之后,员工能更好地集中注意力,工作也更有成效。你已经能从应用市场上找到相应的程序——有普迪科姆自己研发的,也有其他的选项——为数字时代的员工提供可个性化定制的冥想训练(例如 Buddhify、Headspace 和 Focus @ Will)。许多公司也开始动员员工练习冥想。2010 年,正念领

1　由美国私有非营利机构——TED 组织的国际会议上的演讲。

导力研究所在美国成立,来自通用磨坊、美国嘉吉公司、法国巴黎银行、英特尔、杜克大学和宝洁公司的高层管理者活跃其中。从那时起,国民健康访问调查(在美国每 5 年开展一次)便开始记录全国劳动者中冥想练习者的占比。如今,这一数据已是2012 年的两倍有余。

技巧 2　自察所思

"你在想什么呢?"或许你已经听腻了这个问题。我们并非不愿袒露想法,只是不凑巧的是,在面对这个问题时,我们常常没什么思路,脑海里一点想法也没有。想要有意识地进入意识状态,发展元认知非常重要。

很多时候,思绪兀自飘远了,你却不曾察觉。直到神游突然被打断,你这才意识到自己刚刚走神了。对此,你需要一个有效的方法——察觉自己的想法,帮助你更好地掌控无意识和意识状态。

研究者们发现,人们若能多问问自己当下的想法,元认知便能有所进步。何其简单:只需要每隔一段时间,或是在无聊的间隙(堵车或者排队时)主动问问自己:"我刚刚在想什么呢?"你可能不禁要问:"就这么简单?"是的,虽然很简单,但大脑却要向你呈现出思维的轨迹,久而久之,你便不容易迷失其中,相反,你能够来去自如。

技巧3　策略性分心

不管是通过冥想,还是元认知的方式来有意识地觉知生活,都离不开一个前提:必须为无意识状态预留时间。如果47%的时间我们都在神游,那说明心智确实需要那么多时间,也许那些时间仍不够。当你明白,一天有一半的时间,神游没有那么频繁时,意识的负担已经减轻了许多。只学习不玩耍,聪明的孩子也会变傻。一天只有 24 小时,所谓磨刀不误砍柴工,如果没有必要的休整,疲劳赶路,那么只可能累死在半道上。

白日梦的名声并不好听。在人们眼中,白日梦毫无用处。它不过是人们从重要的事情上分心了,进而浪费了宝贵的时间。然而,人们不知道的是,白日梦对我们有着积极的作用。不妨想一想上一次你是怎样穿越情绪低谷的。将我们的注意力转移到这些糟糕的想法上,大脑会使我们确信,必须采取措施,积极应对。当然,没有人想迷失在负面想法的循环中,被其吞噬。研究显示,自发的烦恼对我们的情绪有消极影响,甚至可能导致抑郁。但是,我们"自找的烦恼"(有意识地触发的烦恼)却有着积极的意义,能激发我们更快地消化创伤。换句话说,如果不想一直烦恼,那从现在开始,我们就要多主动找找烦恼啦。

当你被身边琐事搅扰得心神不宁时,做个白日梦也是个不错的选择。通常在做此类白日梦时,新颖的想法和有关未来的计划会悄然产生。一项任务完成以后,做个白日梦能极好地放松大脑。这样看来,心智游移能帮助我们应对自我损耗:有条不紊地清空你的大脑,给它充满电,你便能以充沛的意志力迎接新的任务了。

此类白日梦最大的益处在于,它能激发我们的创造力。设想一下,此刻你正在准备一篇演讲稿,文章结构的问题难住了你,1 个小时过去了,你依旧没有很好的思路。论据的布局不甚理想,但是哪里不对劲呢? 你的思绪突然溜回了昨晚,脑海里浮现出与好友热烈交谈的情景。等到你重新看向屏幕时,说不定突然就有了主意。这便是人们所说的后见之明。难怪历史上曾有这么一出:泡在浴缸里的阿基米德光着身子(据当时的知情者描述)就冲到了大街上,兴奋地欢呼"找到了!"牛顿正躺在树下打盹儿,近现代最伟大的发现之一就在这时"砸到"他的脑袋。许多人时常感到沮丧,任凭他们绞尽脑汁也难以得出好的点子。而另一方面,越来越多的研究发现:当人们放弃找寻时,好主意却会自动出现。许多新奇的想法就是这么诞生的。

于是我们能得到这样的结果:工作中片刻的无所事事并不会使人们的大脑停滞,相反,这会缔造出更多的创新。加利福尼亚大学的研究者们建议,头脑风暴或是问题陈述以后,最好能给员工 15 分钟做些无聊的事情。大多数情况下,问题的解决方案会自动现身。这是因为当心智得以游移时,大脑会将所有的东西关联起来。而在此之前,在意识层面上,你从没想到它们可能是相关的。

这一结论极为有趣,对创意型企业来说更是如此。我们对大脑的有意识部分投入了过多的关注,而几乎忽视了无意识的活动。工作中,我们是不是有必要为心智游移留有一席之地,而不是将它驱逐出境?若能隔三岔五组织一些个人的和集体的讲习会,让每个人都能神游一番,这将对企业有所助益。因为创造力在那里生长。作为个人,也可以利用心智游移解决难题。例如,当问题极为棘手时,最好不要一个劲地逼迫自己找寻方案。此刻你要做的不是紧盯着问题不放,而是要随它去,并做些有趣的事情来分散一下注意力。你越是不搭理它,答案就越有可能出现。

通过更好地协调、切换意识和无意识状态,我们能够更多地锻炼自控力,更善于分配注意力。这一过程的关键在于将高度集中的注意力集中到对我们非常重要的事物上。专注,是继自控力和有意识地让自己处于意识状态之后,支持心智愈合力的第三大支柱,我想在下一章继续讨论。

你怎么玩这个游戏：专注的重要性

爱普克·松德兰德教会我们什么

奥林匹克竞技场也可以被称作疯人院。当然，你从电视上看到的总是光鲜的一面：一切都按部就班、井然有序，训练有素的运动员身着运动战袍，英姿飒爽。然而事实上，这是座疯人院。赛场如战场，诸多明枪暗箭，往往比赛还没有开始，大家已经乱了阵脚。在这群被"疯狂"笼罩的人当中，一位头上戴着耳机的年轻人出现在田径场上，脚步淡定又悠闲，看起来好似周日在公园漫步。他停下片刻，看了看远处，便又向前走去。他从地上捡起某样东西（也有可能是做了个拉伸练习？），扭了一下头，便不慌不忙地向单杠跑去。他就像是一个金发碧眼的天使男孩，落入凡尘。

荷兰体操队的运动医生卡斯珀·扬森这样向我描述这位奥林匹克夺金者兼单杠世界冠军爱普克·松德兰德在赛前的准备。"对手们就在眼前，但却无法令他分神，因为他太专注了。"随后，我在一篇采访中了解到了那一瞬间的爱普克到底做了些什么。他聚拢了心神,冷静地想象自己要如何赢得比赛,比赛的每一个环节都在他脑海中浮现出来,他压根看不见任何一个对手。我不禁感慨,这是何等的专注!

在爱普克夺得奥运会冠军后不久,我遇到了一个人,因为她,爱普克的故事显得更加不同凡响。当时我正打算购买一份保险。经过一番研究之后,我发现了一家以友善的顾客服务和定制化方案为特色的公司。发出咨询邮件后不久,我立刻就收到了一位女士的答复,就称呼她为安娜吧。不到 1 个小时,我们便约好了初次面对面咨询的时间。一周后,我们在她的办公室见了面。交谈中她一直在说服我选择他们公司,除此之外,再无其他。短短的 1 个小时内,她有三个来电(都接听了),三封"紧急"电邮(都答复了)。她还一边回着信息,一边保持着和我的对话。与此同时,她非常详尽地描述了公司的未来、业务如何操作,以及为什么我一定得成为他们的客户。

待我起身离开时,她问起了我的工作。我回答说,我是一名心理学家,给企业以及想要提高心智愈合力和工作参与度的人们提供帮助。"啊,那我可能很快就要去见你了,"她说道,"集中注意力对我来说太困难了。"我告诉她,我对此并不怀疑,并递给她一张名片。"如果我能腾出 5 分钟的话。"她大笑道,一边用大拇指在手机上输入一串数字,另一只手还在给我开着门。一转身,她就已经接听起了一个新的来电。于是,她朝我挥手道别。我再也没有去见她,同样的,她也没有来找过我。

作为一个保险代理,安娜说了所有她该说的,听起来也相当有说服力。但我始终觉得不靠谱,因为她缺乏一个非常重要的品质:关注。尽管她所说的都非常可信,但我没有感受到她的认真对待,因为她自始至终都在忙着处理其他的事情,同别人打着交道。

我也非常疑惑,到底是什么使得她那样行事。也许她想向我展示自己有许多的工作要做,服务过大量的客户,总能在第一时间答复所有的人,以给我留下好的印象。不得不承认,在第一封邮件被回复时,她的效率确实令我欣喜。不幸的是,谈话之后,最初的欣赏便如曝露在阳光下的冬雪般消融得不见踪影。

注意力经济

对比爱普克和安娜,我们很容易就能明白为何专注如此重要,并且越来越重要。如今,人们变得更加机智聪颖,至少绝大部分是这样的。所谓的弗林效应[1]显示,二战以后,我们的智商以每十年三个百分点的速度在增长。因此,我们比先辈们更聪明。然而,由来自瑞典于默奥大学的米凯尔·伍德利(Michael Woodley)牵头的一项研究显示,对比一个世纪以前,人类的反应时间变长了,换句话说,反应变慢了。尽管目前科学家们还未能搞清楚是什么因素延长了人类的反应时间,但是我相信,专注(或者说缺少专注)在其中起了很重要的作用。

我们的专注力如何?坦白来说,可能不比安娜好多少。许多人都有同感,我们一直处于同他人的各种联系之中。打电话的同时,查阅一下邮件;在酒吧和朋友小聚时,不时刷新社交媒体,看看其他朋友都在干些什么,还不忘查收工作邮件。因为你担心,在这些消息中可能有那么一两条至关重要,不得不在1个小时之内给出答复。我们为什么会变成这样?一种可能性是害怕错过对我们来说非常重要的东西——出于对错过的恐惧。另一种可能性是我们都执着地认为自己不可或缺。或者反过来说,我们都不愿被边缘化。获得存在感和得到认可至关重要。即使是出席会议或讲座,手机也是万万不能关掉的,因

1　弗林效应(Flynn effect),指智商测试的结果逐年增加的现象,以詹姆斯·弗林(James R. Flynn)命名的。最早提出这一现象的人是理查德·林恩。在1982年的一期《自然》内,他提出了美国人做智力测验的成绩越来越好。

为"万一哪个客户或同事就在这时候来电呢?"哪怕是在卫生间和卧室,信息技术也同我们紧紧相随。如今,我们需要整天趴在因特网上更新各种消息——广播、新闻和推文,因为一旦跟不上,我们便插不上话了。

过去,我们从未置身如此复杂的网络之中,也未曾这般的不专注。这样做会给我们,尤其是我们的记忆带来不利的影响。试着回答以下问题:去年最重要的新闻有哪些?你可能记得一两件给你留下深刻印象的事件,至于其他的,还要费劲想一想。我们增加一下问题的难度:5 年前,哪些新闻是最重要的?许多人都会被问倒。这时候,不妨探望一下父母或祖父母,问问他们 50 年前最重要的新闻有哪些,也许你会变得更加谦虚。甚至,他们还会绘声绘色地描述起事件的细节。

大部分人已经意识到我们的记忆变成了一把筛子。来自不同领域的研究者花费数年时间来探索原因。为什么我们的记性变得如此糟糕?哥伦比亚大学的心理学家将责任归咎于互联网,因为人们毫不犹豫地将互联网当作备用记忆,便再也用不着费劲记东西了。也有一些研究认为,饮食和睡眠模式的改变导致了我们记忆的退化。当然,相关的原因有很多。也许你可以想一想 21 世纪发生的最大的变化——技术革命,而它最大的受害者便是我们的注意力。

早在 1971 年,全球知名的社会学家和心理学家赫伯特·西蒙(Herbert Simon)就曾预测:"信息日渐充沛,信息的富足也意味着某些事物的稀缺——因为这一事物不断遭受信息的消耗。它是什么已一目了然:信息消耗的正是接收者的注意力。因此,信息的富足会带来注意力的贫瘠。面对泛滥的信息来源,人们需要高效、合理地分配注意力,以避免过度消耗。"

40 年后,基于这一原则,"注意力经济"诞生了,商业分析师托马斯·达文波特(Thomas Davenport)、迈克尔·戈德海伯(Michael Goldhaber)等对其进行了丰富和完善。据他们分析,注意力即将取代钱,成为最重要的经济货币,因为它更加稀缺,也因此更有价值。简单来说:抛开产品本身,谁能第一时间获得人们的注意,便能拥有更多的力量。在广告界、新闻界、音乐产业和网络上,这已经成为不争的事实。即便冒着引起公愤的风险,"假新闻"依旧层出不穷。

结论已经显而易见,不管是对个人还是整个社会来说,注意力都至关重要。没有注意力,自控和坚韧都无从谈起。除此以外,注意力还是抵达"心流"的基本前提。唯有借助注意力,我们才能成功,才能幸福。没有专注,我们将一无所获。

专注究竟是什么

关于专注，存在这样一个问题：人人都想更好地集中注意力，但实际上我们并不知道专注到底是什么。在神经科学中，大脑的三大执行功能包括注意力控制、问题处理和记忆存储，三者紧密相连，均通过前额叶皮层发挥作用。

在神经学家伯纳德·巴尔斯对意识的比喻中，专注便是舞台上聚光灯对准的地方。为了集中注意力，我们需要对意识加以控制。专注是注意力高度集中的状态，这个时候，我们只能看到被灯光照亮的区域。

畅销书《情商》（*Emotional Intelligence*）被翻译成 40 多种语言在世界发行，影响甚广。其作者丹尼尔·戈尔曼最近在他的新书里将专注分为三种类型：内在专注、对他人专注和外在专注。据他所说，要想扭转逆境获得成功，这三种专注缺一不可。

戈尔曼将内在专注描述为人们对自己的直觉、内心的准则和价值观的聆听，也就是巴尔斯的剧院比喻中幕后的那些人。对他人的专注是我们给身边其他人——也可以是大众的注意。这也正是上文中保险代理安娜大肆挥霍的注意，最终导致了每个人都没有感受到足够的关注(尤其是当时同她面对面交谈的那位)。外在专注则是我们给更广阔的大环境的注意,也就是巴尔斯所说的剧院。

除了戈尔曼描述的这三种形式的专注,还有一种更为直白,也更好操作的专注,我们每天都在运用。我们就把它叫作"聚精会神"吧,正是它为爱普克夺得了胜利。当然所有形式的专注紧密相连,不可分割。"聚精会神"最直观,我们就先从它做起。那么,怎样才能更加聚精会神呢?

神奇的数字 7(±2)

首先,让我们来看看,如果不加干涉,你的注意力能发展到什么程度。这与肌肉的成长大同小异。在一定程度上,肌肉的力量由基因决定。但是我们呱呱落地时,身上的肌肉几乎不听使唤。在不断的试验和犯错中,我们才变得越来越强壮,学会如何合理地支配并有效地使用力量。

聚精会神也是这样,一定意义上,它蕴藏于基因当中,生来就有。但是我们必须通过练习才能掌握它。新生儿根本无法有意识地引导注意力,历经两个月的不断尝试才有了第一次的成功。不断练习后,注意力集中的时间才得以延长。1 岁的婴儿很难专注 1 分钟;蹒跚学步的孩子能保持长达 10 分钟的专注。此后,注意力持续的时间和广度便不会有太大的增长了。到了成年,人们聚精会神的时间介于 10 到 40 分钟之间。

尽管比较研究的难度很大,但仍有越来越多的研究者声称,近几十年来我们专注的时长大幅缩短了。正如缺乏锻炼的肌肉会变得松弛无力,如果我们很少聚精会神,注意力的品质也会变得糟糕。反过来,若能坚持不懈地培养和练习专注力,就能获得很大的改善。

不过,我们需要留意一点:如果运动不当,肌肉会过度紧张和精疲力竭。注意力也一样,过度使用会使之耗尽。世人熟知的认知心理学之父乔治·米勒(George Miller)曾在 1956 年做了一项认知心理学的研究,此后该研究被人们广泛引用。研究的名字也很耐人寻味,"神奇的数字 7±2:人类信息加工能力的某些局限"。论文中,米勒解释道,不管加工何种信息,我们的工作记忆始终只能记住 7 个项目。这一理论被人们称为"米勒定律",要想领略它的效力,我们不妨回顾一个儿时常玩的接龙游戏:"我打算出游,要带上……"

不熟悉这个游戏的人可以参考以下规则:大家坐成一个圈,然后每个玩家选择一件物品来补全句子。例如,第一个玩家说在旅行时要带上牙刷,第二个玩家说要带上内裤,第三个玩家说要带上手提箱,等等。这个游戏的难点在于,每个孩子都必须重复之前大家说过的所有东西。游戏一开始通常是很简单的,但重点是大多数孩子记不住前面出现的所有东西。我们可以将这一时刻称作"和检验",它通常在玩家们说到第 7 件物品时出现。

根据米勒定律,面对连续的信息,同一时间我们的工作记忆能记录下大概 7 个项目(最佳记录为 9,最差记录为 5)。因此,当要区分的酒超过 7 种,品酒师便容易出错;当要区分的音乐超过 7 段,你也会觉得力不从心;广告牌上推广的东西永远不会多于 7 个;你也只能一次性记住 7 个随机数字。

小时候,我并不热衷玩这个接龙游戏。因为游戏的赢家始终在两个女孩中产生,她俩你一件、我一件地为旅行增添行李,新一轮游戏遥遥无期。这让其他孩子都异常沮丧,他们不得不强忍着怒火等她俩打包完毕,有时候连队长也难以与之匹敌。我那会儿非常好奇她们是如何做到的。多亏了米勒定律,多年以后我终于弄明白了。打破数字 7 的限制的奥秘在于把不相干的任务分组。神奇的数字 7 总是能被拆分为 4 个组和 3 个独立的因素。将信息进行组合,并串联起来,这样一来,注意的广度便增加了。虽然囿于注意的容量,你至多只能同时处理4个新组和3个新因素。但是如果能整合更多的信息,形成更多的组和因素,那么你能记住的信息便增加了。这便是那两个女孩得以拓展记忆广度的秘诀——至少短时间内她们记住了更多的行李。

找到你的专注所在

无疑,对于我们保持专注的程度,不管是从时间上来说,还是从次数上来说,都始终存在限制。但是我们有办法增加注意的广度,提高专注的程度。然而,意识工作的方式总是比我们期望的要复杂。

"想一想!想一想!想一想!"有时候,我能听到自己这样重复念叨。这时,我便立马反应过来:这样做就是失败的原因之一。因为这意味着我过于集中注意力在我手头的事上,以至于我忘记了该如何去做。这便是专注的可恶之处:你无法通过努力变得专注。光有自控力是不够的。

不知你是否还记得:前文中我同你探讨过用心生活的第一条,也是最重要的一条策略——与我们和意识互动的方式有关——要求我们预留出精神不集中的闲散时光。再次援引剧院的比喻,我们当然不能夜以继日地站在舞台中央,聚光灯每隔一段时间就得关闭一下。听起来浅显易懂,但我注意到,即便规则如此简单,人们在生活中依旧难以遵照执行。

第二条策略一样显而易见,却还是难以落实:设置优先级。许多人感到生活不由自己主导,完全被外界支配。事实也大多如此。每天都被日常琐事牵着鼻子走,这样的生活我们已经习以为常。同时,纷纷扰扰的人和物、错综复杂的感受和事件消耗了大量的注意力,以至于我们看不到更广阔、更完整的局面。

从设置目标和优先级开始,更加投入地去生活。这么做不管是从短期来看(首先完成这项任务,如果还有时间,我再开始下一项),还是从长期来看,都是有意义的。"我想要的到底是什么?"你可能无法明确回答这一问题,甚至对有的人来说,这一问题毫无用处。事实上,它对我们的生活影响深远。试想一下,一直以来日子都不怎么顺心,突然有一天,你发现原来没有依照自己设定的优先级来生活。如果自由是心底最大的渴望,相应的,自由、宽松的工作可能才是好的选择。反过来,假如工作中有很多的约束和限制,日子可能会很难过。为了孩子而活的你,可能想要经常见到他们。热爱交往的你,也许不希望居住在偏远的乡村。这样的例子不胜枚举。只有留意我们的优先级,才能投入到对自己重要的事情当中,也才能找到我们每个人的专注所在。

保持专注

找到关注点,你已经成功了一半,接下来要做的便是保持专注。这是一个干扰不断、信息爆炸的时代。赢得挑战的诀窍在于,当信息如巨浪般汹涌而来时,我们不能被冲走,而要设定自己的航线。这并不意味着你必须切断一切技术和信息来源——这基本也不现实——但你得制定一项策略来应对信息爆炸式的冲击。

幸运的是,较之其他生物,人类尤其擅长根据自己的意愿来改造环境。诚然,注意力的问题有很大一部分责任在于环境——世界瞬息万变,但这并不妨碍我们承担自己的那部分责任。哪怕进行一个小小的、切实的干预,生活都将有所不同。你可以帮助大脑剧院打开那盏聚光灯,并用它照亮真正重要的东西。同自控力、有意识地让自己处于意识状态一样,我们也能训练自己的专注。

这一点直到最近才被科学家发现。长久以来,科学家们认为找到并保持专注的能力很大程度上依赖于我们的工作记忆,因为前额叶皮质与工作息息相关。正因如此,长期以来人们一直认为只有注意缺陷多动障碍(ADHD)等具有典型的注意力集中障碍症状的疾病才能得到治疗。瑞典卡罗林斯卡研究院的托克尔·克林伯格教授(Torkel Klingberg)首先挑战了这一设想。2002 年,这位神经学家组织了一批存在注意力问题的孩子参加了一项培训。培训方案由计算机制订,用以改善人们的工作记忆。孩子们每天需要做大约半小时的认知作业。培训时长为 5 周,在此过程中,如果孩子们取得了更好的练习结果,培训的难度便会加大(之后,这被认为对结果至关重要)。

研究的结果令人震惊。培训结束以后,孩子们的工作记忆取得了非常大的进步,注意力问题和过度活跃的症状减少了,而推理和解决问题的技能增强了。这一影响在观察结束后的 3 个月甚至 5 个月依然明显。

在此之后,在接受中风康复训练的成年人身上,研究者们观察到了类似的结果。他们的工作记忆以及注意力都得到了提升。与此同时,克林伯格和同事向人们展示了这一影响是如何在大脑中形成的。借助功能磁共振成像分析,他们观察到,在有针对性地训练后,前额叶皮质区等部位的大脑的活动明显增强,对应的,这一区域的多巴胺受体也明显增多。由这一发现,我们可以看见大脑的可塑性,即便短短 5 周共 14 个小时的训练就能带来如此惊人的改变。

后来又有许多研究者重复和效仿了此类研究。大脑领域的训练不仅在注意缺陷多动障碍的治疗上表现不俗,在对抗阿尔茨海默病和其他注意障碍方面也取得了巨大的突破。在荷兰鹿特丹伊拉斯姆斯大学,我们也展开了类似的研究,测试工作记忆训练对治疗抑郁、焦虑和成瘾症状的有效性。这一观点认为,这些疾病的部分成因在于工作记忆缺陷。由萨宾·瓦恩马克尔(Sabine Wanmaker)主导的研究显示,想要设计出既能增强工作记忆,同时又能减少特定症状的训练项目非常困难。

由于对提高注意力极为有效,工作记忆训练项目在职场中日渐普及起来。我们对许多公司的员工进行了认知训练测试。根据每个人具体的测试结果,他们各自参加了为期数周的额外训练。结果格外令人振奋:员工们汇报,他们变得更加敏锐;会议中,专注的保持时间更长,他们也因此取得了更多的收获。培训似乎也会影响压力体验:这可能是由于员工们能更好地掌控自己的想法,于是烦恼的时间减少了。

通过强化认知来更好地掌握注意力和自控,这是我们通往愈合力的起点。但是,光有心理和认知的愈合力,我们依旧无法抵达。是的,还不够。缺了一股重要力量——愈合力的第四个也是最后一个主动力——它将其他动力交合在一起。它正是情绪的力量——乐观。这所有的一切从始至终都离不开乐观,正是它推动我们逆风前行。

乐观的力量,足以解释一切

抗癌五人组

塞斯·晖金(Cees Huijing)喜欢金汤力,闲暇时常自斟自饮。我一下就想到了这个颇具创造力的老头,70 岁的模样,却活得像个少年。塞斯的一生充满了传奇。他参加了上一届荷兰冬季滑冰比赛(11 个城市的巡回赛),在冰天雪地里滑行了 200 千米;他也曾赢得帆船比赛,并多次在知名的高尔夫比赛中胜出;30 岁时,他更是创办了自己的广告公司,成为一名成功的商人。

当然,我们讨论得最多的是"后来",在他取得种种成功之后的日子。5 年前塞斯病重,他把广告公司交给了两个儿子。医院诊断他患上了膀胱癌。塞斯刚做完复杂的手术便中风了,整个左半边身体因此而瘫痪了。为了让瘫痪的身子再次活动起来,他坚持进行复健训练。在医院的 5 个月,他瘦了大概40 磅(约合 18 千克),并仍在坚持。深爱他的妻子一如既往地支持着他,其中一个儿子每天早晨都会给他带来一杯鲜榨果汁,到了晚上,另一个儿子会偷偷塞给他一瓶不含酒精的啤酒。

　　即使是癌症又如何? 塞斯赢得了这场战役。不久他便捡起了过去的诸多爱好,包括高尔夫。然后,他又赢了一场比赛。一年后,癌症复发了。这一次,他也顺利康复了。当癌症第三次造访时,医生们宣布,他的处境已经"毫无希望"。两个月后,他却捡起球杆,重返高尔夫球场。医生们将他称作医学史上的一个奇迹,而对塞斯而言,他只不过是想活着。他无比高兴,自己还能活着。出于对生命的感恩,他联合志同道合的病友,成立了"抗癌五人组",目前正全力募集基金,用于癌症研究。他和四个病友都战胜了癌症,康复以后,富裕并有影响力的他们约定要共同推动癌症早期诊断的研究。这五人如今已经募得了数百万的研究经费。

　　有人可能会说,这是因为塞斯不想接受他病重的事实。或许也有人认为,反正别无他选,不如索性乐观一点。但在我看来,塞斯完美地诠释了人们如何学着战胜逆境。他一直有意识地顺应内心的要求("以前,面对生意上的巨大压力时,我常常通过骑行来排解;担忧得夜不能寐其实毫无意义"),因为有着家人的支持("妻子就是我的王后")和自身的愈合力("我保持心理健康,一个健康的大脑该考虑的是如何完成工作,而无须做无谓的担忧")。塞斯是真正的乐观主义者。

习得的乐观

　　乐观与愚蠢只有一步之遥。有人说，任何自信都不过是自欺欺人，甚至纯属幻想。这一观点值得商榷。唯一可以确定的是，人人最终都会走向死亡。我们遭遇不幸的概率几乎高达100%。气候、经济和世界和平的局势摆在眼前，如果还对未来充满信心，是不是太过天真？我们每个人的身体里是不是都住着一个赣第德①，即使处境无比凄惨，仍旧相信命运会迎来一丝公正？

　　一项又一项的研究，一份又一份的调查向我们证实了：生而为人，命运早已注定了我们会永不停歇、不屈不挠地相信未来。正因为如此，我们才一再低估交通事故和疾病的风险，而过分高估自己通过求职面试和成功追求异性的概率。因为相信自己终会交上好运，世界上有百万乃至千万的人每周都会买上一张彩票。即使是在经济危机最糟糕的时候，我们也相信很快就会迎来转机；即使所有的医生都说已经没有好转的希望了，我们依旧期待着奇迹发生。答案是"是的"，我们是一群无可救药的乐观主义者；而另一方面，我们拿这样的自己毫无办法。

---

　　① 伏尔泰的杰作《赣第德》中的主人翁。

正如进化生物学家们发现的那样,对我们的生存本能而言,乐观至关重要。尤其是,它平衡了我们超群的智力。得益于自己卓尔不凡的大脑,人类能够比其他物种更精准地预测环境,如若拘泥于现实主义,我们绝无可能取得今天的成就。如果永远都在计算老虎跑得比我们快多少,也许直到今天,看到老虎的你还会拔腿就跑。吃任何东西之前,如果都得停下来想想食物的来源和可能存在的副作用,那还有什么是能吃的呢?

没有乐观从中调和,知识会让人们寸步难行。这样看来,乐观主义不是智力的对立面,相反,它站在了杠杆的一端,使另一端的智力得以平稳发展。无知的乐观可能会招致毁灭,空有知识没有乐观则是致命的。人类要想得以生存,两者缺一不可。

因为乐观主义深深扎根于我们每个人的基因,所以几个世纪以来,人们往往会向乐观借力,去团结更多的人,获得更多的支持。政客和广告商更是将其用得得心应手。美国的总统大选便是家喻户晓的例子:胜出的候选人们都打着相似的口号,清晰地许下美好的未来(诚然,不见得百分百现实)。例如"让美国再次伟大"(特朗普 2016 年的竞选口号)以及"是的,我们行"(奥巴马 2008 年的竞选口号),而失利的候选人大多关注的是当前和眼下。事实上,你甚至可以说,如今整个美国得以存在也是由于当年的移民对未来的期冀。甚至在欧洲,这一观念也开始流行起来。如果强调眼下局势的顺利,是无法赢得选举的,你得承诺给人们带来改变。在广告界,这一着眼未来的生活态度被贪婪地操纵着。即使再精明的消费者也愿意相信,吃某一种酸奶能让他们变得健康,某一种类型的玩具会让孩子高兴万分,开上某辆车他们将会获得成功,只有某个品牌的厨具才能让家漂亮起来。

乐观主义者,往往能求仁得仁。研究者发现,乐观主义者活得更长久,患病或者手术后的存活概率更高,他们也较少患上阿尔茨海默病或其他由衰老导致的疾病。这些人还更加成功、更加快乐,同时还能积极感染身边的其他人。

为什么有的人会更乐观一些?哲学家和科学家们对这一问题百思不得其解。最终还是心理学家给出了结论。从20世纪70年代起,每年都有新的研究显示,乐观不仅仅是先天的性格特质,还是一种态度。也就是说,尽管出生时,每个人的乐观程度是不一样的,但你可以选择生活得更加乐观。

我们已知人类可以学习乐观的态度,也可以训练自己变得更加乐观。由于乐观在诸多方面有着积极作用,它如今被人们大肆宣传。积极心理学将有关幸福的指导手册和妙方售卖到了世界的各个角落。人类是自己的主宰，这意味着我们的生活必须由自己掌舵，不得假手他人。现在，你也该承担起让自己幸福的责任了。

要么笑着活着，要么去死

乐观变成了一种选择，对某些人来说，甚至成了不容违背的义务。如果违背，你便误入了歧途。美国记者芭芭拉·埃伦赖希（Barbara Ehrenreich）将目前人们对乐观主义的宣传描述为"要么笑着活着，要么去死"。当她被确诊患上癌症时，人们的反应令她大为吃惊。得知消息的一瞬，她还没来得及消化，就有人告诉她"你一定能战胜它，到时候身体会变得更强壮"，还有人告诉她这样一来能更加接近纯粹的幸福。那些让她对疾病心怀感恩的建议——以及战胜癌症全在于有没有进行正向思考的看法——令她烦恼不已，以至于她专门写了一本书，即《要么笑着活着，要么去死：正向思考是如何愚弄美国和整个世界的》（*Smile or Die: How Positive Thinking Fooled America and the World*）。书中，她反对将乐观视作人人都能获得的神奇解药，并指出越来越多的人开始排斥消极体验，因为那被认为是愚蠢又自私的选择,而失败主要是因为缺乏信仰。朗达·拜恩(Rhonda Byrne)所著的超人气畅销书《秘密》(The Secret)便是极端的例子,作者在书中声明,只要思想足够积极正向,你就能影响整个宇宙,让它给你想要的东西。

我并不热衷对积极的心态顶礼膜拜,世间万事万物不是只有快乐一个选项。但我确信,在对乐观的工作原理有了更清楚的了解后,我们的生活将大不相同。你不需要借助乐观来相信这一点,因为研究会证实一切。

乐观是如何发挥作用的呢?鉴于乐观是人类基本的动机之一,研究者们发现它产生于基底神经中发生最古老的部分——杏仁核——被前人认为是大脑中负责管理恐惧情绪的地方。人类"战斗还是逃跑"的本能反应便来自这里,现在我们将它称作压力。神经学研究发现,乐观在大脑中的出现,主要表现为压力的消失。这也与我们的经验相吻合。对未来充满信心的人们不容易因为不好的征兆而感到紧张不安。而反过来,焦虑的人们更容易担忧,甚至是杞人忧天。尽管研究还没有揭晓哪个是鸡,哪个是蛋——到底是乐观的人不易被压力困扰,还是人们因为较少遇到压力而变得乐观?——但是,两者确实存在着关联。

杏仁核同我们的应激与情绪的管理均密相关。因此它在我们的情感生活中占据重要地位。这也同我们感觉到的一致:乐观通常关联着幸福,就如同抑郁关联着悲观,尽管我们不十分清楚哪个是因,哪个是果。但是,如果我们再仔细想想乐观是如何安扎在大脑中的,便能大致想明白。比如,我们已知,在大脑将情绪与事件关联时,乐观发挥着重要的作用。从某种程度上来说,这一情绪反应是自动形成的。但同时,人们对它的影响超乎你的想象。我们如何看待往事,在很大程度上与我们解释它们的方式有关,心理学研究将其称为"归因方式"。

归因方式可以从三个层面进行区分。它们可以被归结为:(1)何人;(2)何地;(3)何时。"何人"层面:事件由谁引起? 当糟糕的事情发生时,悲观主义者倾向于从自己身上找原因。被绊倒时,你可以斥责自己笨手笨脚,也可以生铺路人的气,因为他们没有把活儿干好。相反的,即使他们做了好事,也不认为自己有功劳。比如,当一个悲观的销售人员发现自己的业绩提高了 10 个百分点,他会把这一进步归结于经济形势有所好转,因此人们更愿意花钱了,却忘记了自己在拓展客户时所付出的努力。

"何地"层面与你如何评估事件的等级有关。在看待由自己的错误导致的后果时,乐观主义者会具体对待,而悲观主义者则立刻将它放大了。有时候,你会觉得等着自己的似乎都是红灯,而事实上,遇到绿灯的概率是一样的。在一次考试中,一门失利后,乐观的学生会觉得至少自己其他四门考得都不错,最终的结果很可能还不赖;消极的同学则立刻开始担心,她将不得不重修这一学年。

最后,"何时"层面是区分乐观主义和悲观主义归因方式最重要的组成部分。悲观主义者常常深信不疑:如果一件事情失败了,便总是会失败,并且永远难逃失败的命运。而乐观主义者认为,失败只是一种偶然事件,他们也能从中有所收获。举一个公司重组的例子,两位同事需要去新的部门。消极的那位同事会自责最近的工作表现不够好,因而被划分到了较差的岗位。对这一结果,他完全无力改变。从此,他再也没有机会去创造辉煌的职业生涯。相反,乐观的那位同事会把这件事当成一个挑战,并努力抓住一切可能出现的机遇。他理性地思考着,可能短期内日子不太好过,自己也要付出更多额外的努力,但是某一天他也许能在这个部门找到自己渴望的岗位。在这一过程中,乐观主义者们通常会积极参与,推动重组平稳完成。

在解释生活中的这些事件时,你所使用的方式并不是由基因决定的；事实上，它属于你后天习得的那部分乐观。教育和早期的生活经历会对它产生深远的影响。如果你从小就沉浸在悲观的家庭氛围当中，父母再三强调"最好谨慎一些，因为你得为最糟糕的事情做好打算"，那么你大概很难有乐观的生活态度。即便归因方式已经根深蒂固，但也并非无法改变。你可以练习控制它们——如果你已经准备好承担起那份责任，至少你可以先开始练习。

如何变得更乐观

神经学研究告诉我们，乐观与我们对事件的情绪性的解读有关。第二个结论是，大脑中，乐观与应激相对立。现实情况是，当危险出现时，曾经的我们会凭本能反应，选择战斗或是逃跑，现在的我们会产生压力。史前时代，迎面撞见狮子的你必须在毫秒之间做出决定：攻击它或者拼命逃跑。你甚至无须思考，便会本能地做出选择。因为在那样的情况下，如果还要仔细权衡两种选择带来的利弊，狮子早已一口将你吞下。

而在面对现代社会的挑战时，那些生理反应便失去了意义。但是身体还是会一如既往地分泌出古老的激素，助你战斗或是逃跑。这些激素无处挥洒，因此在体内循环，形成了应激。

这类应激不尽然是有害的,于你有益还是有害取决于你对应激的处理方式。

在这里,我们又一次地看到了乐观主义者和悲观主义者之间的巨大差异。如果看一看他们的"应对方式"——应激的处理方式,你会发现二者的选择截然相反。通常,悲观主义者会采用"被动应对"策略。他们倾向于远离挑战,回避问题,像鸵鸟一样把头埋进沙子里,一直等到忍无可忍时才开始寻求帮助。乐观主义者常常主动处理问题。他们寻求挑战,直面问题,如有需要便会联络资源以获取帮助,努力找到解决方案。

留意一下,你便能发现史前"逃兵"和"斗士"的区别。悲观主义者倾向于逃跑。狮子挡道,逃跑确实是正确的反应。不幸的是,对 21 世纪的大部分挑战来说,逃跑已然失去了意义。如果跑得足够远,你确实早晚能够甩掉狮子。但是你要怎样才能绕开截止日期、待缴的账单和无聊的同事呢? 现代社会的麻烦往往会一路尾随它们的受害者,于是逃跑便意味着你将长期处于压力之中。

虽然"战斗还是逃跑"大多由本能决定,但它也受到后期学习的影响。挑战来临时,学着不去回避。每一个小小的胜利都将令你更加从容。当然,反之亦然:失败的经历会让你跑得更快、更远。工作中的冲突可能会让你远离某些场所或同事，但这会造成更多的压力。你会更想躲起来，直到形单影只，一想到它们便立刻神经紧绷。取而代之的，你可以对那次冲突进行分析，找出究竟是哪里出了问题。随后，找到解决方案，最终面对同事，希望你的方案能够把问题解决。这将有效缓解压力，并帮助你在日后勇于直面冲突。

研究还令我们得知了一点：负面的应激和乐观分别位于天平的两端。也就是说，这两者是此消彼长的关系：如果乐观减少了，负面的应激便会相对增长；反之，如果负面的应激减少了，乐观就会相对增长。这意味着，我们可以通过减压来变得更加乐观。

这也解释了为什么冥想训练、运动和娱乐消遣真的能令人更快乐。因为它们减少了应激，于是乐观得以增长，情绪健康随之得到改善。

马丁·塞利格曼带来的巨变

换句话说，对于乐观主义，我们有理由保持乐观。通过观察我们解释事件的方式，并不断做出微小的调整；通过主动回应挑战，积极降低体内的压力水平。日积月累，我们便能极大地转变态度,并获得更多的幸福感。但这样还不够。

如同我先前提到的,围绕乐观已经兴起了一个完整的产业。不能免俗的是,人们了解到的不外乎一些肤浅的分析,以及被夺人眼球的标语包裹着的美好建议。但这不适用于被称为"正向心理学之父"的马丁·塞利格曼。塞利格曼不仅是正向心理学的创立者,也是在这一研究领域贡献卓著的领军人物。即使到了今天,也唯有他将科学原理发展成了一套真正可操作的模型,使得抽象的乐观主义变得有血有肉。

有趣的是,塞利格曼的科学生涯并非始于正向心理,相反,是负向的那一面:习得性无助。20世纪60年代,他开展了一系列测试,结果显示:动物们如果无法改善它们的处境(这里的改善是指避免电击),久而久之,便会变得抑郁、生病,并丧失学习的能力。对人类来说,"习得性无助"也会导致多种心理障碍,比如抑郁症。

塞利格曼的研究如同巨石一般,激起千层浪。因为它推翻了当时普遍接受的理论——人们会自动根据经历到的事件来调整自己的行为。在他的研究之前,任何你所做、所想、所感受到的都被假设为行为,这些行为都是由外部因素引起的。塞利格曼的测试第一次向世人展示了,在解释人类行为的过程中,必须考虑心理过程的重要性。这项研究一举将年轻的塞利格曼送上了心理学研究新领域的巅峰。50 多年后的今天,他依然在那里躬耕不倦。世人将他推选为 20 世纪最重要的心理学家之一,不无道理。

20 多年前,马丁·塞利格曼的研究领域从无助转向了人类的创造性,自此,同心流专家米哈里·契克森米哈赖共同开启了"正向心理学"。在这个全新的科学分支上,所有被传统心理学遗漏的东西都得到了关注。从那时起,塞利格曼便投身于人类创造力培养的研究中,致力于人类的幸福事业。用一个词来概括,也就是:乐观主义。

2011 年,历经多年的研究,塞利格曼出版了《持续的幸福》(*Flourish*),书中他介绍了实现幸福人生的 PERMA 模型。PERMA 由 5 个单词的首字母组成,这些单词对应着幸福最根本的 5 个组成部分,而我们可以通过影响它们来获得幸福。P 代表着正向情绪,E 代表着投入,R 代表着人际关系,M 代表着意义,A 代表着成就。

正向情绪可以说是这 5 个幸福元素中最为直观的一个,但也最难改变。然而,想从生活中收获更多,正向情绪必不可少。心理学家芭芭拉·弗雷德里克森(Barbara Fredrickson)提出了获得幸福的"扩张和建构"理论,其中她将情绪体验的重要性摆在了首位。她认为,想要变得更加幸福,首先人们要获得情绪世界的平衡。任何一个负向情绪都需要三倍的正向情绪才能中和。因此,想要修复糟糕的情绪,我们不妨先让自己快乐起来,找找身边有趣的朋友,给自己找点乐子。

前文中,我们已经讲过投入和心流的关系。除了有意识地改变意识状态(尤其是更多的休息)以及提高我们的专注度,用更积极的态度来开展任务也能帮我们抵达心流状态。这笔投资很快就能产生收益,因为研究显示,心流确实令人更快乐。

不久前,研究幸福的人员才赋予人际关系更多的价值。最近,研究主要集中在两个层面:每个人的客观经验水平和心理过程水平。幸福既被认为是积极经历的结果,也被看作是内在积极情绪的结果。神经学和心理学研究越来越多地把归属感当作幸福的一个关键概念。"快乐的人拥有更多的人际关系"正在转变为"拥有更多人际关系的人更快乐"。

生活的意义在很大程度上同人们设立的优先级有关,与那些能从根本上激励我们的事物密切相关。在这个方面,塞利格曼申明,作为万物之灵长的人类已经远远背离了本能对我们的影响。生活的意义是什么?这个问题日日盘旋在脑海中,不仅决定了人们的行为,还主宰着他们的想法。在《黄金圈法则》(*Golden Circle*)的作者西蒙·斯涅克(Simon Sinek)看来,生活中最重要的问题不是我们做什么,而是我们为什么要这么做。戈尔曼的主张也与之相同:人们所有的关注点都服从于整体的优先级系统。

成就和幸福之间的关系引发了心理学家的激烈争论。尽管听起来有违常理,但大部分研究者如今都认同,成功并不会带来幸福,但是幸福却能助我们成功。不过塞利格曼坚持认为,由于我们的归因方式的影响,成就也是能够带来幸福的。只有当人们认为所取得的成功完全出于自己的本意,而非任何人的强加时,幸福感才能增加。

在学术和大众文学领域,对乐观主义的宣传势头正盛。在后药物时代的前夕,越来越多的人试图通过调整或采用新的思维方式来提高生活质量。然而,目前对乐观的浓厚兴趣却可能会带来危险。

最显见的问题在于——稍有不慎,乐观就可能演变成脱离现实。我们都知道,过于乐观的人们常常显得自大,而这可能会招致失败。在医药科学上,这一现象屡见不鲜。"乐观偏差"可能会导致病人停下药物治疗,或是质疑医生带来的坏消息,直至病入膏肓之时还在徒劳地祈祷。

乐观的第二个问题在于,它可能会导致"得过且过",人们变得极度马虎、懒散,因为他们总想着船到桥头自然直。从这个意义上来说,乐观主义是完美主义的对立面。

乐观带来的第三个隐患来自人们和压力的关系。一般而言,人们会设法缓解压力。即使到了今天,在很多时候,压力也还能保住我们的性命。正如我之前所说的,一定程度的压力会产生积极的作用。压力使得我们更加机警,也让我们呈现出更好的生理和心理状态。从这个意义上来说,过于乐观可能会给我们带来生命威胁。

公司和个人若想在乐观培养时取得更好的效果,需要谨记这些潜在的问题,以免天平过于向另一头倾斜。除此以外,对乐观主义,我再也想不出任何持悲观态度的理由了。在大多数情况下,它都是安全并有效的策略。

　　愈合力强大的人能从不好的事件中汲取经验教训，并从自身、他人和周遭的环境甚至更广阔的外部世界中积极寻找新的机遇。他们常常充满力量，心怀欢喜和希望，这使其更容易与他人、外界建立联系，并由此获益良多。

第三部分

心智升级的大脑策略

现在我要告诉你,前面的篇章全是我每天的必修课。我本人就是一个时时刻刻都积极向上的乐观主义者,能随时通过专注抵达心流;一包薯片或是线上服装店休想让我分心,因为我只会在合适的时候放飞思绪。我多年来所积累的关于如何改善心智的知识,已在潜移默化中增强了我的愈合力,令我更幸福,也更成功。现在,这一切也可以在你身上上演,首先你需要读完这本书。

但是,正如人们无法通过阅读合理饮食的书籍变得体形匀称,无法通过浏览现代舞相关的书而变成杰出的舞者一样,我们的大脑也无法单凭读书变得更好。你必须从某处开始着手,即使情况变得棘手,也仍要坚持训练,直至无须做出任何努力。我并不介意同你坦承一点:目前我还没有达到最后一个阶段。我每一天都还得下一番决心,给生活指出方向,为自己的想法买单,以及努力投资自己的心智。

换句话说,我意识到下决心投资自己的心智绝非易事。对个人来说是这样,对政策制定者、商界和教育行业的人们来说也许更为困难。相对而言,这项投资依旧昂贵,前景也不甚明朗。正因为如此,人们依旧不乐意开发一套新的大脑策略。尽管如我在前文中所说,这项投资并无风险,但许多人仍旧持观望态度:想先看一看别人是怎么做的，随后如果有需要才去效仿。

虽然这种想法可以理解，但在我看来，若你还在质疑要不要应对这场大脑危机，便有些罔顾事实了。如今，我们对大脑有了更多的了解。从行为科学中诞生至今只有 20 年，正向心理学还相当地稚嫩，但是这一领域已经诞生了许多令人印象深刻的见解。从"大脑的年代"（20 世纪 90 年代）起，神经科学已经传授世人大量的知识和方法，帮助我们过上更成功、幸福，也更投入的生活。更令人振奋的是，由于科学家和诸多世界闻名的作家们的努力，关于如何给大脑赋能的知识将不会尘封在实验室和大学的图书馆里。反过来说，在科学领域，也鲜少有学科能像正向心理学和神经科学那样，获得世人如此广泛的关注。

在企业界，间或地会出现一些曙光。一些企业正在积极地寻求同心理学家的合作，对员工们的心智资本进行投资。但目前看来，这些有远见的企业犹如早春到来的第一批燕子——它们带来了春天来临的好消息，但是万物蓬勃的夏天还没有到来。

这些对心智资本进行运作的先驱们，其投资行为往往是不得已而为之。这在我看来并非巧合，前面所提到的"后来者居上"在许多时候发挥着重要的作用。在这些先驱们决意对愈合力进行投资之前,几乎都经历了一番艰难困苦。因为心理倦怠的出现,愈合力的培养迫在眉睫。旷工率和人员流失率的陡然增长促使企业四处搜罗心理培训项目。

当然,"亡羊补牢,犹未晚矣",正如我们所听闻的那样,许多伟大的成就其实是危急关头的力挽狂澜。但是,何苦错失良机? 如果对那些心智资本呈负债状况的人们来说,指导和训练尚且有效,那对拥有些许启动资本的人来说,又会有怎样的收益?

此时,领导者和决策者若能给予正确的投资,那些以员工脑力为第一生产力的产业和部门将会迎来巨大的改变。反之,如果没有一个好的大脑策略,那些依靠员工创造力的公司和机构就会很快领教到大脑危机的厉害。进一步来说,所有创新型企业都将从安全的大脑策略中受益。而政府履行着为社会制定和完善各项政策、方针的职责,居于整个社会的首脑地位,因此更需要此类策略。

科学界的发现正在向各行各业渗透,但其中教育界收效甚缓。尽管教育界显著地受到大脑危机的影响,但对大脑的投资却依旧有限。然而,在教育界,这种投资至关重要,不仅是对教育本身,从广义上看,对整个社会的未来也是如此。

得益于科学研究的发展,我们现在有机会培养出更强大,并且愈合力更佳的一代,他们将超越此前的任何一代人。事实上,我们也没有更好的选项。如果不设法改善教育界中大脑的现状,那下一代可能会成为愈合力最糟糕的一代。研究已经显示,数字时代出生的人们,生活中充斥着现代技术,甚至父母对他们的养育也部分地借助了这些技术,不幸的是,这使得他们难以应对 21 世纪的挑战。与上一代人相比,技术所带来的副作用在今天的孩子和青年们身上更为明显:行为问题、倒退的心理健康状况、批判性思维能力的缺乏,以及下降的记忆力和专注力。让我们将此次危机视作学习的机会,共同投资一个愈合力更好的未来。

我于实践中关注到,为了实现这一目标,不管是个人,还是公司和组织,都进行了长久和深远的探索。要想将我此前所说的全部付诸实践,可能没有那么简单,尤其是对那些从来没有训练过心智愈合力的人来说。而且,对大脑的投资从来都是一项定制化的工作。如同每个人、每家公司和每个部门都有各自的需求和挑战,在增加资本方面,各自也有不同的优势和不足。同时,每一个危机都暴露出一些具体的问题,因此对应的成长机会也不尽相同。尽管给大脑赋能的工作可以遵循一些基本的规则,采纳一些通用的建议,但是对于每一个人或每一个公司,具体步骤还需要个性化的定制。

基于过去 20 年的研究所得,我们在制定大脑策略方面更有经验,也更为得心应手。这样的策略首先要求我们修复自身同时间、空间以及时空的关系,使其能积极地合作起来。大脑必须再一次成为一切的基础,而不能如乒乓球一般,任由我们随意抽打,一会儿向前,一会儿向后。

在这里,不妨把制定大脑策略想象成重新装修房间,其中大脑是窗户,光线从这里进入。目前人们采用的策略是移动窗户,使其适应房间中其他的装饰。但事实上,这可行不通。我们必须让房间的装饰适应窗户的状况。

我们应当制定对大脑更友好的策略,而不能试图根据处境改变大脑。沿用装饰房间的比喻:我们必须在阳光穿过窗户时,好好使用房间(更好地与时间互动);合理布置家具以保证适宜的采光(更好地与空间互动);在光线不错的地方接待客人(更好地与时空互动)。最后一点与窗户本身有关。如果我们从不清洁窗户,一段时间以后,光线便难以穿透进来。不挂上窗帘,房间里的色彩将会慢慢褪去。想要对心智注资,保持基本的用脑卫生不可或缺。

47%定律:"聚精会神"和"心不在焉"都得投资

专注此刻

一天中 47% 的时间,我们没有集中注意力,而是处于一种无意识状态,正如我在有意识地让自己处于意识状态那章所提到的(第二部分的"进入意识状态的入口,十分狭窄")。对雇主而言,想到他们的员工有近一半的时间都心不在焉,可能难以接受。但事实就是这样。现在,我们可以用两种方式对这一数字进行解读。一种方式是试着尽可能减小这个百分数;第二种是,不管是对"聚精会神"的时间,还是"心不在焉"的时间,我们都要更好地加以利用。

当今对许多人来说,找到自己的专注所在并保持专注,成了每天的挑战。源源不断的各种干扰使得我们难以保持专注,哪怕是很短时间的专注。关于这一主题,美国的计算机学家卡尔·纽波特(Cal Newport)的一本书令我深受启发。在其作品《深度工作》(*Deep Work*)中,他描述了自己如何通过选择性专注,在做研究和写作的同时,每年都能成功完成 6 篇科研出版物。当然,并不是人人都如此志存高远,但我确信,大部分人都有提升的空间。如果人们走神的平均时间占比为47%,那就意味着,有的人百分率会更高一些(或者甚至高出很多)。

研究者们指出,与其争取更多聚精会神的时间,不如在已有的时间里,尝试着做更多的事,这往往更加有效。也就是说,我们要更好地利用聚精会神的时间。"如果人们有47%的时间在神游,那说明大脑需要这样做。"丹尼尔·吉尔伯特说道。

这并不意味着我们都应当从事兼职工作。对专注的那一半时间来说,走神的时光至关重要。正如我前文所描述的那样,白日梦并不是浪费时间,相反,它非常有助于大脑进行自我完善、加工信息、统筹规划和追求抱负。换言之,想要获得更高品质的专注时光,那我们要开始对心不在焉的时光进行投资了。

投资专注时光

究竟要怎么做,才能使我们的专注时光更高产呢?这里有三个相对较为简单的技术能快速见效:(1)缩短时长;(2)采用时间目标工作法;(3)问问自己有关坐着的问题。

技巧 1 缩短时长

走神本身没毛病,真正的问题在于它往往来得不是时候。想要守好意识的大门,最关键的方法是——每隔一段时间,主动将它打开。这也就是说:我们要从实际出发,限制专注的时长,并在专注之后,为无意识的思考留出时间。

如今,成年人的注意时长平均在 30 到 45 分钟。对于多任务并行的人们来说,这个时间要短得多(大概是 10 分钟)。在做会议计划、讲座和组织课程时,首先要记住这一点。TED 演讲在这一方面堪称典范。即便演讲者再优秀,待在讲台上的时间也不能超过 20 分钟。他们的座右铭是"言简意赅"。

当然,我们很难把一切都控制得特别紧凑。因此,短暂而无聊的休息就很有必要了。讲座过程中,加入一篇通俗易懂的文章;会议期间,让与会者喝杯咖啡,稍做休整;课程过半,让学生们浏览一下日程安排。如此一来,注意力便得以松懈片刻。毕竟,研究显示,短暂的无聊时光能够激发创新,提高生产力。

分割时间很重要,但这并不意味着,每一次的间隔之后,你都必须变换工作任务。连续的多任务作业(前文中已经提及)始终是个糟糕的想法。而且,当你试图快马加鞭完成各项任务时,会遇到自我损耗和意志力耗竭的问题。与一边写报告一边回邮件相比,更科学的做法是,从对脑力要求比较高的任务(写报告)着手,然后再是对脑力要求较低的任务(处理邮件)。即便这意味着,查收和回复邮件要等到两三个小时之后。在给工作清单上的任务排序时,需要注意,任务对应的大脑负荷应该逐个减小。另外,很重要的一点是,在完成每项任务后,让自己休息一会儿。

在设定时间时(这一技巧也称为"时间盒"),还需要遵循另一条规则——米勒的"7±2"定律。我们不能无休止地增加专注的组块。在 4 个较长的组块之后,最多可以增加 3 个短的组块,到这里,就该真正地放松一下了。

技巧 2　采用时间目标工作法

我们不仅要保证专注时间不会太长,而且从一开始就该让任务的参与者明白这一点。开会时,从一开始就告诉大家会议会在什么时候结束,以及在结束之前需要完成什么。这不仅给与会者设定好了内容的目标,同样也给了他们时间的目标,这是心流得以产生的一个重要条件。这一点也可以被应用在教学过程中,老师一走进教室,就可以把本节课需要达成的目标写在黑板上。

你也可以给自己设定专注的时间目标。不妨给自己半个小时来完成一项明确的任务,很快你便会找到更加投入的工作方式。设置闹钟(在工作开始之前)也是一个不错的主意。

一段专注时间,接着另一段专注时间,这样的状态到底能延续多久,是因人而异的。每个人必须自己实践之后才能发现。但最重要的一条规则是,专注的时间不能太短(半小时为宜),无聊的时间不能太长(最好是两三分钟)。如果一开始你的专注时长不足 10 分钟,也不用担心。只要多多练习这一技巧,专注的时间便会自然而然地延长。

技巧 3　问问自己有关坐着的问题

第三个令专注时光更高产的方法是采用更专注的姿势。很多人都知道,挺直后背和舒展脖子能够减少背部问题。但是很少有人意识到,这个坐姿不仅有利于背部,同时也使得肺部能更轻松地向大脑输送氧气,这一点对脑力工作者来说至关重要。另外,专注的坐姿也使得我们在心理上更加投入。认知领域的研究表明,身体的位置对我们的认知具有决定性的影响。例如,一项研究显示,在做决定时,肌肉力量的增强会赋予人们更多的意志力。

想要通过调整身体的姿势以获得更好的专注,除了采用更专注的坐姿,更重要的一点在于:坐的问题。检查你给自己布置的每一项任务,会议或是课程,问问自己:"执行的时候,一定要坐着才行吗?"对于某些任务,比如写作,坐着确实更容易一些,甚至必须这样。但很多时候,我们其实没有必要坐着。

如果问题的答案是否定的,任务也不会持续太长时间,保持站立其实是更好的选择。我发现这种技巧有很大的应用空间,尤其在以下两个领域。

第一个是教育。目前我们让孩子和年轻的学习者每天坐上 8 个小时,这导致了许多生理问题(如背部问题和肥胖)。可是谁说孩子们得坐着才能听讲呢? 如果课堂上没什么要写的,难道不该让他们站上半小时吗? 当年亚里士多德不也是一边同学生们漫步一边授课的吗?

开会的时候,你也可以问问这个问题。可能对于头脑风暴和思考的环节,坐着会更有帮助。尽管人人都想着要让每日例会和周度例会尽可能保持简短,但还是一再超时。这时候不妨尝试一下简短的"站立会议"(大概 15 分钟),你会发现这样有不错的效果。圣路易斯华盛顿大学的研究者近期发现,这样的会议会带来更多的创新,也会促进与会者之间的合作。

投资分心时光

最大程度地优化专注时光是一方面,而另一方面,我们也能从分心的时光中收获良多。在这方面,有必要将无聊的时光和放松的时光区分清楚。

技巧 1 为无聊腾出时间

走神时,人们极不情愿踩下刹车。当然对于强迫思维(即反复出现恼人的念头)来说,我们有必要保持关注,并随后将其释放。正如我在前文中写到的,大脑主要通过重复出现的念头让我们知道,还有任务需要完成。对于这一念头,你只要回应"我稍后再考虑那件事情",大脑便能放松下来。这同时也意味着,你建立了对自己的信任。如果你知道自己确实能在晚些时候处理那件事,将能更轻松地打消这个念头。这样你就可以跟自己约定好处理事件的时间,从而把它推迟到不太远的未来。如果一直这样做下去,你便会愈加信任自己,也会越来越擅长将那些恼人的想法搁置在一边。

第二种走神发生时,思绪常常在没有关联的事物之间跳跃。这些不聚焦的思绪非常重要,不仅有助于我们处理每天所接收到的大量信息,同时也是创新的来源。解开束缚大脑的缰绳,让思绪自由驰骋,其实是大脑工作中非常重要的一部分。

现在,如何将心智游移从不利(担忧、浪费时间)转变为有利(富有创意的问题解决方案)呢? 在此,同样重要的是,我们要试着对"什么时候"施加更多的影响。别总是让自己受制于游移的思绪,相反,你可以制造一个让思绪随意游荡的机会——为无聊腾出时间,从而更主动地去驾驭它(虽然无法彻底地掌控)。

些许的无聊时光,正如我们所知道的,能促进创造性的加工。与其不停地驱使注意,以获得更长久的专注,不如加入一些无害的无聊时光。一个阶段的高度专注(如头脑风暴和读报告)以后,正是加入无聊时光的最佳时刻。

这种片刻最重要的一点在于,我们不专注于其他任何事物。看电影或是私人邮件的无聊程度还不足以激发心智游移。因此,不妨试一试那些没什么干扰的地方,比如安静的房间,在那里你更容易找到无聊时光。

那些能让你做起白日梦的活动,当然大部分都是个人活动。试着找找那些是什么活动,它们在什么时候能让你灵光一现? 整理办公室、寄送信件、影印文件、在等候室闲逛或是吃点东西都是放飞思绪的妙招。最近,走神的一种技巧——涂鸦,赢得了大量的追随者。在《涂鸦革命》(*The Doodle Revolution*)一书中,作者桑妮·布朗(Sunni Brown)描述了涂鸦是如何在平复心智和激发创新方面发挥重要作用的。

技巧2 "隐身"片刻

作为人类,除了让自己无聊,我们更有放松的需要。在这一点上,我们的社会还有很大的提升空间。工作时间和自由时间之间的平衡不复存在了,两者无限地重合到了一起。一方面,加班现象非常普遍,但另一方面(我个人觉得更加严重),有太多的人把工作往家里带。

现代技术使得脑力工作者可以在任何时间办公,即使是离开办公室很久以后,他们往往还在工作。从原则上来说,这有利于人们更自主地选择自己的工作时间。最近,"弹性工时"和"灵活工作日程"的新机制吸引了大众的兴趣,人们的反应理应如此。

然而不幸的是,事实上,人们工作的时间变得更长了。拉德堡德大学的研究显示,在家办公的人们更容易患上心理倦怠。因为每天在工作时间之外,他们还会处理工作,比如再次检查邮箱、读完报告的最后一章、联系同事等。工作时间和休闲时间之间的界限变得模糊起来,以至于最后,所有的时间都变成了工作时间。

根特大学的工作心理学教授弗雷德里克·安塞尔（Frederik Anseel）已经研究这种所谓的"新工作"多时。他对灵活工作机制持一定的乐观态度。研究显示，灵活工作机制下的员工们平均工作绩效更高，更有动力，工作的投入程度也略微高一些。同时，他们报告的工作压力略低于平均水平。但是这些积极的效果并不显著，没有达到前期设想的水平。他同时也指出，在家办公并非对所有人都有益，有些人在传统的朝九晚五的工作机制下表现更好。

工作时间和私人时间重合得越来越多，这一现象引发了频繁的讨论。在法国，人们摆脱工作的权利在2017年1月1日被写进了法律：拥有50名以上员工的公司不能要求员工在下班后查收邮件。这个规定在德国也是一样的。从2014年起，主管们便被禁止在下班后给员工打电话或发邮件，除非有紧急情况。一大批公司加入了保障员工工作和生活平衡的潮流。几年来，德国大众汽车公司通过对它的黑莓服务器的控制，保证了员工在下班后不会收到任何邮件。直到第二个工作日开始的半个小时前，服务器才会放开限制。

就个人而言，我并不热衷这些措施。相反，我认为我们应该争取以一种更灵活的方式来协调工作和生活。时间政策的调整主要是为了提高员工的自主性,这本该是个更好的方案,而不应该演变成疯狂地阻断工作对生活的侵占。许多员工不知道在什么时候该干什么,即使在家,他们也有这样的感受。只要收到老板的邮件,他们便开始工作。仔细思量后才明白,令我们不得不工作的其实不是老板,而是现代技术。

一位财务总监曾经找到我并坦承,手下的员工能随时联系上她,这一事实令她颇有压力。渐渐地,她开始尝试自己决定什么时候能被他人联系上以及什么时候不能,并学着同她的团队沟通这件事。周末的时候,她便不把手机装进外套口袋,除非事先知道有特别紧急的事件还未处理完。度假时,她便把手机留在家中。只在早晨和傍晚各查看一次手机,以防有紧急来电。就这样,她不再允许工作侵占自己剩下的私人生活,结果压力减轻了许多。

在家办公能否顺利又快乐,问题主要在于,你能不能和自己达成协议。不管是在家小公,还是在公司办公,使用专注时间的基本规则都一样。那就是:缩短时长、保持专注,以及设立清晰的目标。

技巧3 投资一宿好觉

最后一步——但对有愈合力的心智来说不可或缺——恢复健康的睡眠能让我们更好地利用时间。睡眠对我们的身心健康影响巨大。睡眠充足的人们——对于(年轻的)成年人来说,建议每天睡7至9小时——寿命更长,较少患上心血管疾病,也很少有由压力引发的问题。他们更有创意,情绪更加稳定,注意力集中的时间更长。而睡眠不足会减缓知识的加工速度,破坏记忆,引发抑郁症和其他精神障碍的风险也会更高。

几乎所有人都知道,想要拥有健康的睡眠习惯,要尽可能做到每天同一时间睡觉,同一时间起床(即使在周末也一样);在睡觉前3小时不喝酒、不抽烟、不接触含有咖啡因的饮料,睡前1小时关闭笔记本电脑、手机和电视,以及停下诸如此类会干扰到睡眠的事情。尽管耳熟能详,但是大多数人从来没有按照这个要求去做。

美国著名新闻网站——赫芬顿邮报的创始人阿里亚纳·赫芬顿(Arianna Huffington)指出:"睡眠不足如今成了一种社会地位的象征,而这是极其错误的。工作到半夜,然后第二天浑浑噩噩地去上班,这种做法应该被指责,而不应该得到嘉

奖。"赫芬顿认为睡眠是通往成功最直接的道路,也是抵御心理
倦怠最重要的防线。在她所著的《睡眠革命》(*The Sleep Revolu-tion*)一书中,她描述了睡眠不足是如何破坏我们的工作、情绪
以及性生活的。同时她也以自己为例给读者们指出了一条明
路:在放弃多任务并行的工作方式,以及拥有充足的睡眠以后,
她终于战胜了心理倦怠。这一经历给她的生活带来了巨大的
冲击。从那以后,她便彻底改变了整个公司的人事政策。除此
以外,编辑们的办公室里增添了午睡的房间,据说那里总是人
满为患。越来越多的人们向我坦承,每天 15 分钟的小睡能使
他们重新精神焕发,更好地投入到下一个任务中。萨尔兰大学
的研究显示,每天 45 分钟的午睡能使你的记忆力增强五倍。
一份来自巴黎的研究发现,只需 10 分钟的小憩已经能令员工
们更加精神,也能够消除睡眠不足导致的压力反应。

划分空间，无往不利：于广阔空间寻找聚焦

叫停信息肥胖症

今天我们活跃的空间比以往任何时候都更广袤无垠。工作空间不断延伸，越过了办公室的墙，进入了客厅，有时甚至是我们的卧室。有了互联网以后，世界的另一端也触手可及。在这一空间里，信息源源不断地穿梭其中，嗡嗡作响，让人永无宁日。如此一来，人类要怎样才能找到心流呢？

"新工作"和现代技术无疑是大脑面对的新挑战。想要适应眼前数字化的现实，关键不在于把技术完全扔出窗外，而在于掌握数字生活的主导权。正如把冰箱锁起来不是正确的减肥方式，在对抗信息肥胖症的时候，我们不能阻止人们获取信息。面对无限的工作空间，更好的应对方式是重新获得自由选择的权利：什么时候使用哪一部分空间，以及我们想用什么方式去用那一个空间。

划分空间：守好身心之门是关键

想再次获得选择空间的权利，我们必须从头做起：首先，划分空间。如今对许多人来说，同一个空间里并行着多种功能。我们以装修公寓为例。首先，你需要根据不同的功能，将空间划分为更小的单位（厨房、卫生间、卧室、客厅和工作区）。同样的，我们可以用这种方式来对待我们的心智。这并不是说空间的每一个部分必须完全隔断，彼此之间密不透风——有时候让空气流通一下，并没有什么坏处——但是这意味着只要我们想，便能够做到只在一个房间聚精会神。

办公室便是我们身边的一个实例。在开放式的办公室中，员工之间、员工与整个公司更直接地相连。这一理念能很好地促进合作与交流，但却完全不适合专注的工作。畅销书《慢思考》(*Brain Chains*)的作者特奥·康普诺利(Theo Compernolle)是一名神经精神病学家，他指出，开放式办公室使得员工的工作效率降低了40%。最大的问题在于，它会带来过多的听觉刺激，尤其是员工们的电话干扰。一项美国的研究显示，即使员工们只需要输入两个数字，短短三秒钟的中断，便能使他们犯错的概率增加一倍。《人件》(*Peopleware*)[1] 的合著者汤姆·德马科 (Tom DeMarco)指出,更糟糕的是,每次被打断以后,我们平均 要花 25 分钟的时间才能彻底地重新投入到任务当中。当工作 任务特别复杂时,想要重获专注还要再多花上 15 分钟,只怕在 那期间我们又会遇到新的干扰。

换句话说,并不是所有的企业都适合开放式办公。企业家 不应该只是一味地跟风,而要事先考虑清楚这种办公方式可能 带来的利弊。你是希望员工们能够更多地请教彼此,还是希望 他们能够远离干扰,更专注地工作? 有了答案以后,你便知晓 该如何布置办公空间了。

在大部分的公司和机构里,会议定期举行,人们也能很专 注地工作。这一完美结合得益于办公室区域的合理布置,每种 功能都有其对应的独立空间。当然,并不是每个人都有机会能 将办公室从头到尾重新布置一遍。但是对于那些热衷于解决 问题的人来说,方案总会出现。比如,不妨设立一个独立、安静 的房间,远离任何现代技术,这便是一个很大的进步。

在学校,我们能够将空间划分为信息流空间(信息可以自

---

[1]　*Peopleware*：*Productive Projects and Teams* 是一本软件工程畅销书,已经发行 至第 3 版。由汤姆·德马科和蒂姆·利斯特(Timothy Lister)合著。

由地流淌的空间）和安静的空间（不允许使用任何技术的空间）。目前大部分学校都是采用其中的一种机制。他们或者对技术全面禁止，或者敞开心扉，拥抱一切技术。前者使得学生更加渴望接触电子设备，却无法学会用健康的方式来使用它们。对后者而言，首当其冲的便是专注：学生无时无刻不受到各种消息和新状态的干扰。

我觉得学校不是非得在这两个体制中选择一种，更高明的办法在于给使用这些空间的老师和学生更多的选择。把这两种可行性都交给孩子们和年轻人，除此以外，让他们知道各自的利弊。他们自己就能发现安静的空间能够更好地提供某些功能（比如阅读和解题）。而想要使用其他功能（比如收集信息和创新），则要去到一个更加活跃的空间。趋势机构 Trendwolves 开展了一项关于高中生的研究。结果显示，事实上，大量的学生希望教室能够更加地安静、清净。

根据功能来划分空间不仅仅是客观世界的事，在主观世界里，我们也应该给心智装上门，并在恰当的时间把它关上。前文中我所讨论过的在家办公，便是这一方面的新挑战。这一工作方式侵蚀了边界：我们把工作带回了家，也把家交给了工作。

越来越多的公司允许他们的员工每周至少有两天可以待在家里办公。在世界范围内，这一人群所占的比例仍然很低，大概在6%。但是国与国之间的差异很大，美国是这一领域的先行者，这类人群占所有工作人口的40%；在比利时，大概占27%；在瑞士，只有13%。当然员工所处的部门和岗位也会对数据产生影响。但是毫无疑问的是，在接下来的10年里，远程工作者的数量将会大幅增加。

尽管员工有越来越多的机会在家办公，但他们很少会对家中的办公区域进行投资。在这些人当中，有多少是坐在厨房的餐桌边办公的？那些斥资百万去修建现代化办公室的公司却从不考虑其1/4员工家中的办公环境，这难道不奇怪吗？

利用空间：向上级申请单任务作业方式

作为个人，我们很少有机会参与工作空间的布置。于是对置身于无限空间的你我来说，学习更好的生存之道很重要。许多人感到他们无法决定思维和注意力的指向，而且同时身陷几个（有时是十几个）重合的空间，这一现象越来越普遍了。社交网站和应用程序上充斥着各种信息、观点、事实、挑战和想法，洪流一般将我们淹没其中。大脑苦苦挣扎，想要找到一个处理所有信息的办法,结果抓住了多任务作业这根救命稻草。但这恰恰是问题所在。

人们无法多任务作业,这在科学界是一个众所周知的事实。尽管我们会觉得有些可惜,但研究结果无一不是:人们没有办法同时做两件事情。不等你出口反驳,我就要告诉你:是的,女性也无法做到。

世道已大不相同,如今在一个时间段只做一件事情,在人们看来极为奢侈。谁还不是一边听收音机一边开车呢?难道我们不都是一边打电话一边走路的吗?或者一边发信息一边看电视?至少我们认为自己可以做到一心两用。但是事实上,我们的大脑从来没有在同一时间处理过两件事情。

如果我们强迫大脑在同一时间段执行多个任务,其实只有两种可能。一种可能是其中一个活动根本就没有得到大脑的有意识注意。当我们一边打电话一边走路时,走路只是一个惯性动作。另一种可能是如果同时进行的两个活动都需要有意识的关注,那大脑无从选择,只能在两者之间来回穿梭。我们自认为可以一边发信息一边看电影,但事实上这两件事从来没有同时发生过。而当这两种任务非常接近时(比如写邮件和说话),大脑切换的速度就会更慢。

尽管多年前,科学家们已经给一心多用贴上了荒谬的标签,但是我们始终愿意相信它的可行性。这可能带来许多后果。首先,多任务并行并不能使你工作得更快。相反,它实际上拖了你的后腿。研究显示,当你在执行一项任务时,比如读报告,被一封邮件给打断了,那你大概需要花费 25 分钟的时间,才能重新将注意力完整地集中到读报告上。同其他工作者相比,多任务作业者的生产力要低 40%,同时非常缺乏创造力。研究者们对长期在电视机前写作业的年轻人进行了研究,结果显示,他们摄入的知识被存储到了大脑中错误的部位,所以他们难以激活和使用这些知识。多任务作业的人完成任务的难度更大,同时也会犯更多的错误。甚至,多任务并行还会对我们的记忆、智商甚至是人际关系产生消极的影响。一边吃饭一边做别的事情有害健康,同时执行多项任务也会给身体带来压力。

多任务并行的工作方式是良好心智的大敌。如果我们这么做的话,这本书第二部分讨论的每一个计策(自控、有意识地让自己处于意识状态、专注和乐观)都难以奏效。我们失去了专注,便无法有意识地加工新的信息;我们失去对自我的掌控,同时也会变得更不快乐。

　　我们正在遭遇一心多用的危机。究其原因,其中最重要的无疑是技术革命。桑德拉·邦德·查普曼(Sandra Bond Chapman)教授是得克萨斯大学达拉斯分校大脑健康中心的创立者。当她询问人们大脑的最佳状态是什么时候时,人们一致告诉她大概是在 10 到 20 年前(不管被提问者的年龄有多大):那时候,手机和电脑还没有接管起一切。

　　从 20 世纪 90 年代起,我们不约而同地开始了多任务并行的工作方式。与此同时,关于它无法奏效的研究便开始层出不穷,如今研究资料已堆砌成山。随之而来的问题是:既然我们都知道了,为什么还要这样做呢? 神经学家也发现了这一问题的答案:之所以一心多用,是因为我们沉迷于这样的工作方式。

　　一心多用的盛行存在多方面的原因。首先,它给了我们一种满足感,因为(至少短时间内)看起来我们做得还不错。其次,(很明显)那些高效的多任务执行者获得了社会各界的无限赞颂。而作为人类的我们,太想得到表扬了。最后,除却外在的原因,我们本身也沉迷于一心多用。

　　当我们"成功地"多任务作业时,大脑的奖赏系统会被激活,从而释放出多巴胺这种令人快乐的激素。多巴胺涌现所带来的快乐,让你真的相信自己工作得非常高效。于是它便激励你继续坚持这种多任务并行的习惯。因为这会催生新一剂的激素，如此循环往复。多任务执行者非常迷恋这种多巴胺，为了让大脑释放出更多的多巴胺，他们往往会持续地寻找新的刺激。

多任务作业所带来的经济、社会、社交和心理的代价是巨大的。但也正因为市场如此庞大，沉迷其中的人如此之多，技术公司才别无选择，只好给出应对之策。屡见不鲜的是，最新的技术工具都有望使多任务作业变得更加轻松。比如，我想到了多设备键盘，你可以用它在同一时间内操作多台电脑。或者iFusion，通过它，可以同时控制你所有的苹果设备。

诸如此类的工具，仅仅是让多任务作业从操作层面变得更加简单了。而在我们的大脑当中，它们制造的不过是更多的障碍，导致了更低的效率。令神经学家最为不解（或震惊）的是，不断地多任务作业并没有令人们在这一方面取得进步——相反，人们做得越来越糟糕了。一项由斯坦福大学所做的研究显示，在执行复杂的任务时，与单任务作业者相比，多任务作业者的表现更糟糕。因为在整理自己的思路和过滤掉不相关的信息时，他们感到更加费劲。而且，当任务增加为两项时，多任务作业者在任务间切换的速度更慢。在很长一段时间内，人们都以为，由多任务并行带来的认知能力的退化是暂时的。但是一份来自萨塞克斯大学的研究却暗示了事实可能并非如此：对多任务执行者大脑的扫描显示，大脑前扣带回皮质中灰质区的密度减低，而这一区域对人的情感、认知和和情绪调节起到重要的调控作用。

情形变得越来越糟糕。以移动电话和电脑为伴长大的年轻人，在处理多个任务时，比上一代的表现更差。对此坊间还出了一句知名的调侃的话："如果史蒂夫·乔布斯小的时候拥有一台 iPad 的话，那他永远也不可能将它发明出来。"很显然，乔布斯本人也是这么想的，他不让孩子使用他所发明的设备，并且限制他们对网络的使用。

我希望，现在你已经明白了要尽可能合理和有效地使用你的心智空间。但是具体而言，你该怎么做呢？对此我也为你提供了一些实用的技巧。

技巧 1　不再一心多用

这当然不是要你把所有的科技设备都从生活中赶出去，回到那个一切都通过固定电话解决的年代。我主张要更加合理地使用科技，别让科技侵蚀头脑，相反，我们要借助头脑更好地发挥科技的能力。

最重要的第一步要走得彻底：停下一心多用，一次只做一件事情。这个要求最直观地表现为,不再把不同的任务合并到一起。在大多数办公室,甚至是家中,任务都走向了合并。不妨回忆一下在办公室里开视频会议的情形,或是在家中的开放式厨房里,父母一边做饭,一边给孩子辅导作业。为了让孩子们更快乐地做作业,有多少书桌是对着电视机的?

如果有两份报告需要在同一天完成,大部分人会先做一会儿第一个报告,再做一会儿第二个报告,然后再回到第一个报告上,如此循环往复。你可能觉得这样做并没有什么问题,因为两份报告确实看起来都取得了进展。然而事实上,两份报告的进展都很慢。相反地,如果先做完一份报告,再去做另一份,这样要快得多。假如你有两天的时间去完成两份报告,不妨分别为两个报告设置截止日期,每天完成一份报告,而不是同时去做两份报告。这样一来,工作会变得容易许多。

大部分人能够比较容易地放弃这种一心多用的工作方式,尤其是在他们了解完一心多用的代价以后。而更大的困难在于如何抵制来自环境的刺激,这里要说的便是那种令我们欲罢不能的多任务并行。

环境是如何刺激我们一心多用的呢?电脑屏幕便是最好的例子。大部分人的电脑桌面上都有许多的文件夹,在使用电脑的过程中，我们不常打开它们。但在屏幕的底部或侧面的一条图标栏里，你能看到所有可以使用的程序。工作时，这些图标也在不断地提醒你可以做的所有事情。大部分人在工作前会理所当然地打开他们的电子邮件、浏览器、社交网站和工作日程。一旦接收到新消息，这些程序就会发出视觉或听觉信号。除此以外，大部分人还会把手机放在旁边，有时候还有一个纸质版的记事簿。

在执行重要任务时，你都会受到什么样的干扰？你对它们有多大的容忍度？这些干扰对你的效率会产生怎样的影响？如今，我们是如此适应这些干扰的存在，以至于觉察不出有什么不妥。事实上，这当然是有问题的。每一次收到新信息时，提示音响起，新消息的图标就会截获我们的注意力，专注便中断了，而想要重新投入到此前的任务中，我们需要耗费一番努力和心力。

技巧 2　大象优先，兔子次之

当你在做一项非常重要的任务时，有必要切断同外界的联系。别让社交媒体、电话或是邮件一再地令你分心。不管是为了工作效率，还是为了我们的大脑，这无疑都是一个很好的选择。但在眼下我们所处的大环境里，多任务作业极为盛行，所以想要真正做到这一点并不容易。事实上,同你打交道的每个人都需要知道你的这一决定,同时也要能够接受这样的操作——工作的时候你不会接电话或是回邮件。不幸的是,很多情况下,这一点很难做到。因此我建议人们采用另一个策略:设置优先级。

面对大量的工作,许多人倾向于将待办事项一一列举下来,以确保他们不会忘记任何一件。但是这项策略却不及当初设想的那般好用。待办事项清单最大的问题在于它不能帮人们区分任务的轻重缓急。我们把所有的任务混在一起,然后说服大脑不管按什么样的顺序去做,任务总能完成。接下来发生了些什么呢?我们不约而同地从最小的事情做起,然后再解决一些比较大的任务。

倘若如此行事,貌似你在以最快的速度完成清单上的任务,至少在一开始是这样的。每完成一项,你便在手机上将它勾掉。终于在某个时候,你来到了较大的任务面前。乐趣就此打住了。因为这些大的任务不仅需要更多的时间,同时,由于此前的消耗,剩余的身心能量已经不足以完成最后且最大的任务了。于是你常常选择将它们搁置。

人们会毫不犹豫地选择"即刻奖励",正如此前自控那一部分(本书的第二部分)所提到的。出于这一原因,我们几乎不加思索,都从最小的任务做起。但问题是,这将导致自我损耗或是意志力的耗尽(见第二部分的"原则4 限制自我损耗")。这样一来,我们的自控力就会败下阵来。结果如何? 我们面临着拖延的风险。

另外,我们非常不擅长评估任务需要的时间。人们几乎总是低估在"小任务"上花费的时间,又往往会过多地估计"大任务"需要的时间。

其中最典型的一个例子是回复电子邮件。大部分人在每天开始工作时,总是先打开邮箱,读一下新的邮件。听起来很熟悉吗? 也许不久前你刚刚回复了几封邮件,这其实相当耗费时间。而当你一边试图完成一个大的任务,一边还要回复接踵而来的邮件时,问题就更严重了。这会带来什么样的结果呢? 你感觉自己被工作淹没,没有哪件事能做完。大脑左顾右盼,却又抓不到重点。自己好像在玩杂技一般,需要不停地接住从空中掉落下来的球,长时间的手忙脚乱令你疲惫不堪。就这样,多任务作业最终导致了员工投入度的降低。

如果你也面临着这样的问题,这个方法可能行得通:试着将一天进行分割,一部分用来完成优先级较高的事情,另一部分则用来处理小的任务。在完成它们的过程中,遵循这样的顺序:大象优先,其次是兔子。这则关于动物的比喻来自得克萨斯石油大亨——百万富翁托马斯·布恩的一则声明,其中他说道:"当你猎杀大象时,不要中途跑去追兔子。"你可以将大象看作需要优先完成的事情,猎杀大象的时候要讲究方法和策略。而兔子满地乱窜,只要跟着它们就能有所收获。这就和我们处理日常事务一样,按部就班地去做就可以了。

这个原则其实非常简单。我们不需要再去做待办事项的清单,取而代之的是,在每天开始的时候,花上 10 分钟选择"今天要猎杀的大象"(或者最多是三头体型略小的象)。通过减少任务的数量来培养我们的专注力。在脑海中树立清晰的目标,是抵达心流最重要的前提之一。

而且,这一策略也给了你激励自己的机会:兔子。在完成一头大象的任务之后,做些小的任务来奖励自己。查收邮件,打打电话,修改一下你的文书工作——把它们放在一个独立的时间组块内完成。将这些作为努力工作的奖赏,听起来也许有些凄凉,但是你确实能因此感到快乐。如我们所知,在完成每项任务之后,大脑都会释放一定量的多巴胺,这会给我们带来愉悦的感觉。正因为如此,搞定这些"兔子"才令我们如此满足。

采纳了我的建议的人开始实践这种策略,一段时间后,他们几乎都获得了满意的结果。不但工作更有效率,产出了更多的成果,还获得了满足感。这个技巧还保证了他们能在身心能量最充沛的时候完成最重要的任务:通常是在上午。因此,在这一策略的帮助下,人们更容易抵达心流。

我们也可以将这个策略用到一周的工作上来。把周末前需要完成的"大象"放在列表最前面。当然,随着时间的推移,你也可以对列表进行调整。尽管一个简单的列表没有太大的用处,但是一个动态变化的待办事项清单却很有用。理清自己每天、每周以及在较长一段时间需要优先处理的事项,同时,随着情况的变化或紧急情况的出现,灵活地做出调整。

为了防止他人打断自己的"大象时光",有些人会在办公室的门上挂上标语——在熟知这一理论的公司里,有时候人们会贴上大象的海报——还有的人会关掉电话和邮箱,又或者只是戴上耳塞。当你在处理重要事项时,什么在干扰着你? 把它们找出来,然后用自己的办法消除这些干扰。

技巧 3　制造"尤屏幕"时间

我们不仅在工作的时候一心多用,在自己的私人时间也是一样。在家中我们经常同时处理好几件事情。有这样一个场景,我想大家都不陌生:一对夫妇坐在餐馆里用餐,他们同时玩着各自的手机。即便今天整个世界被装进口袋，也不意味着我们要随时随地将它拿出来摆弄一番——但我们正是这么做的。

每当我们使用现代技术时，生活的投入程度便打了折扣，这使我们很难从当下获得满足。因为我们始终还在忙着别的事情，对当下的记忆便不那么深刻了。也因为我们总是忍不住去查收新消息，自控力也变得更糟糕，坚韧更是难以实现。简言之，当我们试图在同一个时间做所有的事情时，便很难感受到生活的乐趣。

要想再次全情地投入生活，我们需要给自己一些"闭屏谢客"的时间。在此期间，我们将拒绝现代设备发出的任何邀请，不再回复这个消息，或是那个来电。取而代之的是，专注地做好一件事情，或者什么也不做，只是放飞思绪，任其遨游。这一切的前提都在于，灭掉闪烁的手机或电脑屏幕，别让自己被它们干扰。

单任务作业 VS 心理倦怠

我们在分析多任务作业的危机时，不应该仅仅把责任归咎于现代技术，工作对员工提出的新期待也逃不了干系。在今天的职场中，员工的灵活和能干尤其被看重。在第一部分，我们看到了这样的要求是如何给员工带来角色压力的。现在，越来越多的人们觉得难以描述他们的工作职能和界定他们的工作任务。灵活又能干的员工们,通常手头上都握着几个项目,他们总是在同时推进这些项目。这样的多任务作业,带来了更多的角色压力。正如我之前所说,角色压力是导致心理倦怠最重要的原因之一。

心理倦怠通常出现在经济不景气的时刻,这不是什么"屋漏偏逢连夜雨"的巧合。因为在这个时候公司必须节约成本——包括人力成本——所以剩下的员工将要承担额外的工作。而这些工作并不是他们的专长。即便是这样,也不一定会导致问题。相反,最喜闻乐见的情形可能是:这样的操作给了员工新的挑战,激发了他们的创造力,并令他们获得了新的见解。这些都是有可能的,但这一切的前提是,额外的任务必须单独分配给员工,不要同其他的工作混杂在一起。

由于这样的操作通常是不得已之举,所以管理者从来没有借助这个机会,让员工从中受益。学习单任务作业对每一个人都是有价值的,尤其是对于那些发挥着多种职能的员工。非常理想的情形是,员工在开始一系列的任务之前,一定是充分了解了这项工作,同时清晰地约定好了每项任务的截止时间。比如,和员工约定好,每隔一段时间完成一个项目,这也没什么不妥。

高处有佳朋：关系的力量

促进合作

古往今来，人们总说成功者更快乐，因此他们左右逢源，社交甚广。这一说法越来越受到神经科学和心理学的质疑。反过来，似乎更接近于真相：社交甚广的人们更加快乐，也因此更加成功。

互动和交往对人们的心理健康和投入度至关重要，但这一点一直以来都没有得到应有的重视。尽管我们早已得知社会交往对个人的发展极为关键，合作也能带来可观的成效，但在公司、机构和组织内，人们还是容易陷入利己主义的陷阱——世人皆为自己而活（记住，高处不胜寒）。但是这并不会改变我们彼此需要的事实。大脑友好型策略首先强调了交往的需要，它要求我们增加与他人的互动和合作，管理者尤其需要提高自己的沟通技能。

对政府来说，市民之间的交往无疑是有好处的。与其说政府有志于投资人们的心智资本，倒不如说它想要减少由排斥和孤独导致的社会问题,比如自杀、激进、犯罪和精神疾病患者增多。

在教育界,合作和互动历来受重视。最近,这一策略在抵制校园欺凌的行动中大受欢迎。心理学上,欺凌对孩子的影响已经广为人知。那些欺凌其他孩子的"校霸们"成年后犯罪的概率更高。但研究同时也显示了,欺凌对受害者的身心伤害能延续 40 年之久。这些受到欺负的孩子也很难从自身的心智资本中汲取力量。

尽管在诸如教育之类的公共部门,这一策略尚有提升的空间,但在商业界,它的发展有着无限的潜能。在增进员工之间的联系方面,大部分公司都不约而同地选择了团建活动,它也是最常使用的方法之一。无疑,这类活动非常有助于营造积极的工作氛围。它还有助于增强团队成员之间的凝聚力,有时候这种联系还能延伸到工作之外。这一策略非常有助于对抗心理倦怠。当然,这只是其中一种操作。

在给企业提供的培训课程中,我们常常会和企业中的一个小组或是小组中的某些成员合作,将培训工作做得更深入一些。在这个过程中,我们会让员工有意识地合作,完成培训期间的一个具体任务。更重要的是在培训之后,员工也要坚持这样去做,从而意识到,合作是公司的目标。这不仅有助于促进员工之间的联结,同时也有利于增强员工和公司之间的联结。这个目标当然无法一蹴而就,但是不用担心,即便员工对此有所抗拒,还是能够有所收获。

你还可以在团建时玩些新花样。比如,在一年中的某一天,让公司所有的员工自由组合,发挥奇思妙想,为公司的发展出谋划策,并将其中最棒的点子在第二年予以落实。又或者,员工之间可以相互竞争,达成一个运动的目标。比如,组织全公司的人跑一场马拉松或者组织一场垒球锦标赛。

增加共同的(工作上的)活动数量,并不一定会带来更好的联结。这一策略要想取得成功,我们需要在心态上做出重大的调整。这里我想谈一谈布琳·布朗(Brené Brown)的作品,在她颇具影响力的作品《脆弱的力量》(*The Power of Vulnerability*)中,她力荐了另一种工作和生活的方式。在她看来,社会迫使我们戴上完美的面具,要想取得成功,我们万万不能显露出不安。然而布朗却说,我们应当拥抱自己的不安全感和弱点,把它们当作一种力量。只有这样,我们才能够同别人建立起真正的联系。从长远看,这对于我们极为有利。

职场代际合作

在加强职场的连通性时，代际合作是一项特别的挑战。95后（也就1995年后出生的人）已经进入职场，与此同时，还有70后、80后和1990—1995年的人在工作。

到了2025年，劳动力市场的75%将由90后构成。但是50岁以上的人也在不断增加。对每一个公司来说，不同年代的人之间的合作都将会成为一个热门的话题。这些人遵循着不同的准则和价值观，同时也拥有不同的能力。所以公司有必要进行跨代际的管理。简单地说，要学会和不同年代的人合作。

最大的问题不是年龄，而是我们对待它的方式。对于老一代的人来说，面对年轻人在合作方面青出于蓝而胜于蓝的事实，持开放态度是一门艺术。年轻人对新观念更包容，也更容易更新自己的见解。当然，年轻人也需要明白，老一辈的人可以用他们的知识和经验来完善这些新鲜的见解。如果你们乐于交流，作为一个团队，你们将大有可为。

在这一方面"承认不公平"的原则极为重要。每个人都有其长处和不足。承认这一点是进行互补性合作的基础。我们要基于每个人的优势去发挥员工的功能。但是作为同事，对不同年代的人可以做出的积极贡献,我们要了解、尊重,并加以利用。

大脑友好型沟通

大脑友好型沟通是指,在沟通的过程中,要考虑到员工接收和处理信息的方式。其要点在于树立好的榜样、得到反馈以及设定目标。

每一个积极的策略从一开始都离不开公司管理者的积极支持。管理者不仅要在言语上将其对员工的期待表达清楚,同时(可能最重要的是)要通过行动体现出来。因此,管理者必须树立良好的榜样。

尽管这听起来非常合乎逻辑,但我总能见到那些想要投资员工心智的管理者们在这一点上犯错。那些身居高位的人,总是习惯于最后一个离开工作岗位,也从来不休假。即使他们对员工没有这样的期待,但是他们的行为会导致员工接收到矛盾的信息。这样的言行不一,将会付出重大的代价。作为管理者,你可能会说自己没有让员工在下午六点以后还要回复邮件,但是只要你继续这么做,那对下属的"赦免"将不起任何作用。

　　良好沟通的第二个要素在于要清晰地设定好目标。据心流心理学家米哈里·契克森米哈赖所说，许多管理者都曾在这里犯错，他们解释了公司的目标，却忘记了告诉员工各自需要履行的职能。在脑海中树立清晰的目标，对于专注以及抵达心流至关重要。那些不知道自己到底在做些什么的员工，将感受到更多的职业压力，而这是心理倦怠的预测因子。团队中，每个人的工作都对最终的产品产生了影响。所以，我们需要让每个员工知道各自的目标，这样他们能够看到对应的结果，以及对此负责。这也是为什么在开展一个新项目时，不仅要介绍项目本身，同时也要介绍实现项目的策略，以及所包含的执行办法。

　　大脑友好型沟通的第三个重要部分在于，对反馈进行投资。据契克森米哈赖所说，获得及时的反馈，对于提高投入度和激发心流非常关键。相反，缺乏反馈则会导致人们的积极性受到极大的挫伤。长此以往，很容易导致心理倦怠。而且，那些从来不给反馈的管理者很少能够获得他们真正想要的东西。

　　尽可能将反馈变成一个习惯——比如，选择规律性的反馈，最好是一年做多次反馈，而不仅仅是在事情进展不顺利的关头才临时安排谈话，进行反馈。因为一旦这样做了，员工不久便能觉察到他们只有在犯错误的时候才会收到反馈。这也为反馈招致了不好的名声。如果你有规律地组织反馈的谈话，而且脑海中时刻记着要给员工积极的反馈，那负面的评价也会更容易被接受。

作为个人，对同事给予的反馈，持开放的态度非常重要。当然，接受批评并不容易，但是，如果批评是为了帮助你改进，那不妨将它视作重要的进步源泉。如果你觉得自己很少或者几乎没有收到过反馈，不妨试着让主管评价你的表现。主动开展这样的对话从来没有什么坏处。

在最理想的情况下，管理者会根据员工的表现，及时给出反馈，在给出批评时也会遵循令对方受益的原则。好的反馈在每一个层面上都简单、清晰并且易于理解。在需要改进的方面，避免使用模棱两可的语言，给出一些非常具体且可行的例子。同时非常重要的是，一定要强调员工的优势。身为管理者，务必避免的是，由于你使用了模糊或情绪化的语言，导致反馈很容易有开放性解释，"我感到非常满意，但是你并没有竭尽全力……"便是一个典型的例子。相反，我们应该清晰地指出哪些方面做得很好，什么地方需要提升，以及员工如何才能做到这些。

不用奖品进行激励

在商业世界里，如果能够做到言行一致，这将对心智愈合力极为有利。今天许多管理者的沟通都表现为另一种形式——金钱。一项由心理学家特蕾莎·阿玛拜耳（Teresa Amabile）和史蒂芬·克拉默（Steven Kramer）在哈佛商学院开展的调查揭示，95% 的 CEO 都确信金钱是人们工作最重要的理由。但是心理学家的研究同这个理论截然相反。人们工作的主要原因并不是金钱，而是情绪，尤其是每天取得一点进步的感觉。这一现象被称作"进步原则"。

金钱不仅无法为员工带来较强的动力，多位研究者还得出，经济上的奖励通常会带来相反的效果。动机心理学对这一现象做出了解释。奖金、激励措施和奖品都会导致员工的内部动力（努力工作、认真工作，是出于对工作本身的喜爱）降低，并将它替换为外部动力（努力工作、认真工作，是因为想获得奖金）。而且，员工一旦受到激励，那接下来的每一次，他们都会期待得到更多。商业畅销书作者丹尼尔·平克（Daniel Pink）甚至说道："经济上的奖励越多，员工的表现便会越糟糕。"他认为，给员工固定的高薪，保护员工的内部动力，公司将能更好地赢得员工的忠诚。而奖金和激励政策则会导致员工为了获得奖金而匆忙赶工。

这一科学发现对商业世界意义重大。奖赏系统在某些部门由来已久，要想改变可能并非易事。但是公司仍然可以通过许多策略来激励员工，同时不影响他们的内部动力。

首先要给员工尽可能多的自主权，并给予他们自己做决定的广阔空间。关于幸福感的研究显示，自主性是工作幸福感最重要的预测因子之一。当管理者把做决定的权力交给员工个人时，同时也让他们承担了责任。这会给员工一种信任感。与（有变数的）奖金相比，信任更能激发员工优秀的工作表现。而且，自主性提高以后，每一个完成的任务都像是员工自己取得的成就。这样一来，员工便能从工作中获得更多的满足。

早在数年前，阿拉斯加航空公司便充分展示了这一策略的功效。当航空公司的营业额不断下降时，管理层出台了一项新的政策，他们决计让员工拥有更多的自主权。当乘客错过了航班，或是遇到了行李的问题，手握更多权力的员工此刻可以自己定夺，给出解决方案。而大部分的航空公司不愿意将决定的权力授予他们的服务人员。相反，他们制定了一系列非常严格的条款，员工必须遵照执行。这通常会带来不利的结果，因为在安检柜台前的乘客们,没有哪两个是一样的。一个标准化的方案可能对乘客 A 来说没有问题,但却会令乘客 B 大为恼火。每逢此时,柜员们会感到非常无力。他们明白乘客需要什么,也知道该如何帮助他们,但是囿于条款,他们没有权限那么做。阿拉斯加航空公司的这一尝试最终大获成功。它不仅提高了员工的满足感,同时还为公司赢得了"以顾客为中心"的赞誉。于是,公司的营业额获得了显著的增长。

第二个策略是增加积极的、富有建设性的反馈。研究显示,人们工作的最重要的一个原因在于他们感到自己取得了进步。根据他们的表现,给出一致性的评价,这有助于人们获得更大的提高。

这一发现不仅对企业的发展至关重要,对教育也有着深远的影响。美国作者艾尔菲·科恩(Alfie Kohn)曾指出,对教育和教学法残害最深的莫过于这么一句话:"如果你这么做,你将会明白。"面对孩子,老师被要求尽可能多地奖励,避免使用惩罚。必须承认的是,与奖励相比,惩罚更容易挫伤孩子的积极性。但是不管是对教育,还是对商业而言,奖励都没有太多的积极影响。

不仅是老师,家长也会充分借助于礼物,让孩子们好好学习。一项在佛兰德地区的学生中开展的调查结果显示,当孩子取得好成绩时,80%的家长会对其进行奖励。同样在这份调查中,研究者还发现,在家长做出奖励的承诺之后,只有 1/4 的孩子会学得更努力。即便是这样,他们也仅仅是为了奖励,而不是真的想要努力学习。

投入的积极性

人际交往中,动机是一个非常重要的概念。我们会根据他人的行为来调整自己的行为。换句话说,要想激励学生、公司的员工以及市民与我们共同成就一番事业,首先要调整他们的方向,使其与我们的达成一致。

正如我在本书的第二部分所指出的,我们控制自己行为的能力受到四个原则的影响:延迟满足;从内部驱动;分散注意力,进行自我调节;限制自我损耗。那么,想要激励他人,我们也要从这些原则入手。

在这四个原则上,只有你给予员工的资源超过了对他们的索取,员工的参与度才能提高。工作投入度方面的专家阿诺德·巴克教授给出了五种激励员工的方法:(1)让员工接受挑战;(2)保证足够的社会支持;(3)给予反馈;(4)确保员工能使用不同的技能;(5)给员工成长和发展的机会。当然,在给予和索取方面,这几种资源需要保持健康的平衡。以让员工接受挑战为例,只有当挑战被界定得非常清晰、有被战胜的可能,同时在接受挑战的过程中员工能获得充分的支持时,这样的挑战才能够激励员工。如果你面临着积压成山的工作,而靠一己之力永远无法完成,积极性无疑会遭到挫伤。但当你知道依靠同事的才能,最终能够成功完成这项有挑战性的任务时,你会对这类工作产生截然不同的感受。在任务和能力的多样性方面,这一点同样成立。如果一项工作要求员工使用不同的技能,他们也能感到更加满足,因为工作不再一成不变,变化带来了新鲜感。但如果他们需要在同一时间内处理多种不同的事务,这便有可能带来角色压力和一心多用的风险。另外,始终不能忘记的是,要尊重自我损耗的极限。当过多的任务接踵而至时,自控力将一再受损,进而也容易伤害员工的积极性。

为何心流离不开动力?

在心流心理学家米哈里·契克森米哈赖研究的过程中,他所探究的不仅仅是投入度,还有心流。在积极、专注的状态下,大脑的工作状态也达到最佳。投入是心流产生的一个重要条件,同时两者发生的情形也很类似。他认为,产生心流需要满足三个条件。

第一个条件是要有清晰的、可达成的目标。这与自控的第一个原则密切相关:对延迟的满足有信心。巴克和契克森米哈赖都认为,在任何情况下,不仅要将主要目标(比如获得学位证书)表达清楚,也要将中期目标(掌握每一门学科)表达清楚,并且人们需要清楚地知道别人对他们的期待。

第二个条件与第一个条件紧密相关:反馈。除了经典的自上而下的反馈,许多公司现在开始采用一种叫作360°反馈法的新工具。在进行这项反馈时,公司里所有的同事,不管职级如何,都会对彼此进行评估。这不仅能够激发员工的积极性,同时也能让他们感受到极大的责任感。当然这项评估一定要在安全的氛围下进行,同时目的是促进员工的职业发展。员工不应该担心他的评价可能会对自己不利。

心流的第三个条件是挑战,这意味着任务不仅要有一定的难度,同时最重要的是,员工不应该觉得它是一种要求或是义务。你可能想到了自主性和自由选择的重要意义。是的,心流与之相关。而这两者都是影响工作满意度和幸福感极其重要的因素。

最强大脑:优化心智的策略

大脑友好型策略 VS 大脑策略

环境中一个微小的变化,可能都会对我们的愈合力产生重大的影响。但是如果我们真的想为大脑赋能,就必须争取一个真正好的大脑策略,而不仅仅是对大脑略微友好些。对于公司和学校来说,这当然是非常有必要的。但我认为,在这一点上,政府也需要发挥重要的作用。

许多国家的政府——包括比利时政府——已经采取了初步的举措,试图阻挡心理倦怠以及与压力相关的问题的暴发,但是其政策仍然停留在少数人举棋不定的尝试阶段。承认心理倦怠是一种疾病,是在正确方向上迈出的第一步,但是缺少了政策的支持,这些努力也不过是杯水车薪。

然而我们的大脑还可以使用一些额外的注意力。得益于心理学和神经病学,我们比以往更清楚地了解到,什么样的注意能被用来优化认知能力。神经可塑性(大脑发生改变的能力)方面的研究仍在继续,但是我们已经有所发现。通过训练和发展,不光孩子的脑容量显著增加,成年人也一样有着发展的空间和机会。人们能够变得更加快乐、更加专注,同时还能更好地控制自己的冲动。显然我们正逐步将性格和智力视为一种能力,而不是与生俱来的特质。

所谓积极的大脑策略,指的是能促进这些能力发展的策略。通往这一目标的道路有很多。首先,要培养人们这方面的意识,让人们了解用脑卫生的重要性,这能帮助他们避免很多困难,同时也能够激励他们对自己负责,并去寻找增强大脑的方法。另外,实施这样的大脑策略时还可以直接提供培训,或是消除一些培训的门槛,让人们能有更多的机会去参加已有的培训项目。

意识培养

20世纪90年代以来,人们对大脑表现出了前所未有的浓厚兴趣,研究呈指数式增长。但是在很多地方,心理健康仍然是禁忌。如果组织和公司真的想要投资大脑策略,必须首先培养人们的意识。只有所有人都了解这个策略,它才有可能成功。

虽然在这个方面,政府作为开路先锋,有着不容推却的责任。但是企业也可以承担起更多的社会责任,在自己的员工当中开展活动,培养他们的意识。目前德勤、永安、毕马威和普华永道这"四大"专业金融服务机构已经在这一正确的方向上迈出了重要的一步。在"四大"当中,德勤第一个开始实施愈合力计划。其重要的合伙人约翰·宾斯在 2007 年患上了抑郁症,之后他便成为了英国心理健康冠军计划的负责人,他经常通过这一计划在公司上下开展各种活动。在普华永道,员工数年前就能够参加心理倦怠方面的课程,了解并学习如何预防心理倦怠。毕马威同自己的员工签署了《心理健康宪章》。永安则执行起了"心理健康伙伴"系统,员工一旦遇到心理健康的问题,就可以通过非正式的组织寻求帮助。当然,像这样庞大的公司,每个部门都有成千上万的员工,无疑是心理倦怠的高发区,在对抗心理倦怠的道路上他们还有很长的路要走。让我感到特别积极乐观的是,除了"四大",其他的公司也已经果断行动起来,开展了一系列积极的运动。大多数公司在开展心理健康运动时,只包括了疾病的预防,但是除了预防(尽量避免问题的发生),我们还应该告诉人们如何应对(问题发生后做何反应)。另外,为了让大家更加热情地参与进来,大可以告诉他们心理和认知健康对获得成功、幸福,以及提高工作参与度的帮助。

意识的培养,并不是非得通过计划和运动才能达成。榜样也能发挥重要的作用。CEO、人事经理和其他的管理者,以及老师也能做出巨大的贡献。我们身边不乏这样的人。比尔·施莱格尔(Bill Schlegel)是永安的执行总监,在其妻子自杀以后,心理健康变成了全公司内可以自由讨论的话题。还有我们前文中所提到的阿里亚纳·赫芬顿,她彻底推翻了自己的人事政策。在发挥榜样的作用方面,他们堪称先锋。

除了大声地说出来,还有一个更重要的任务等待着管理者:他们要切实行动起来,发挥榜样的作用。想一想,打扫楼梯的时候,你总是从最高的台阶开始,然后一步一步地往下走。正如我前文中提到的——行胜于言——管理者的以身作则比他说了些什么更重要。那些鼓励员工不要把工作带回家的雇主,不应该在清晨五点的时候给员工发邮件。

在教育界,人们也亟待了解愈合力的重要性。既然研究已经接二连三地向我们证实,孩子的成功乃至未来不是由智力或知识决定的,而取决于坚持不懈的毅力、专注的品质以及乐观主义的精神。那么,在教育中,我们就必须为这些争取一席之地。在这一方面,已有一些杰出的人物开始呼吁:给教育来一场彻底的改革。

在唱响这一旋律的人当中,最著名的当属美国经济学家詹姆斯·赫克曼(James Heckman),他在 2000 年获得了诺贝尔经济学奖。不管是在出版物,还是在讲座中,他都试图使人们相信,我们的教育系统过度强调了测量智力和知识的重要性,事实上更应该关注自控力的培养。马修·里卡德也说道:"幸福是一种技能,情绪平衡是一种技能,同情和利他主义也是一种技能,就如同其他所有需要通过教育培养的技能一样。"保罗·图赫(Paul Tough)在他所著的《性格的力量:勇气、好奇心、乐观精神与孩子的未来》(How Children Succeed)中也倡导了,是时候用"性格假设"(成功取决于坚韧和好奇)取代"认知假设"(成功是智力和知识的结果)了。

大脑之于教育

增强心智,这将影响孩子如何开始他的一生。因为,它会影响到孩子的学业表现、工作机会以及紧随其后的收入,甚至还会影响其心理健康。如果从童年时期就开始培养孩子的心智,使其坚强并拥有愈合力,那么他以后患上精神疾病的概率将大幅减少。除此以外,行为问题也会大大减少,这样一来,犯罪以及随之产生的医疗费用自然也会减少。简而言之，如果能增强孩子和年轻人的心智，不管是个人还是社会，都将从这笔投资中受益。

大脑培训正逐渐渗透到教育界。在美国，一项来自贫困社区的研究取得了喜人的结果。实验中，研究者将这一社区的孩子们分成了两组，实验组接受了大脑训练，对照组只接受了"安慰剂训练"。与对照组相比，实验组的孩子们在升学考试中取得了更好的成绩。

我认为倘若能在教育中引入"大脑一小时"，收益将极为可观。我们既需要采取一系列的措施，使得课堂、教学方法以及课程内容对大脑更加友好，也应该在学生的生理教育之余，加入心理教育，让孩子们和年轻人拥有一个更强韧的未来。让他们意识到认知技能以及诸如自控和坚韧等特质的重要性，并给予这方面的训练，这将在短期内获得十分有益的效果。一项来自加拿大的研究显示，小学生在参加完正念训练以后，在社交情绪技能方面取得了进步，同时在数学测验中也获得了更好的成绩。从长远看，我们能培养出更具愈合力的一代，他们将能游刃有余地应对压力源。

宾夕法尼亚愈合力计划，顾名思义，是一项致力于培养愈合力的计划。它由一群来自宾夕法尼亚大学的心理学家开发,目的是通过加强孩子们的愈合力,培养他们的正向思维,提高他们的应对策略和解决问题的能力,来增强他们的心理健康,同时也致力于改善他们的行为,提高他们在学校的出勤率以及学术能力。这项计划的有效性在多个国家得到了证实。在荷兰,第一批研究已经取得了初步的结果。其中一项结果显示,在研究开始时抑郁得分较高的女孩儿在计划结束以后,抑郁的症状减轻。

理查德·戴维森——那个将僧人里卡德放进扫描仪的教授——他的研究小组最近公布了他们的"善良课程"在四五岁的孩子当中取得的成果。为期 12 周的练习,使得这些孩子增强了对自己以及他人的觉知。通过练习将注意力集中于眼前和当下,孩子能更好地处理自己的情绪,变得更加专注,对他人也更加友好。另外,测验显示,他们的学习技能也获得了大幅提升。他们还对"延迟满足"有了更好的理解(参见"原则 1 自我控制"),而延迟满足是成功的预测因子。

尽管研究的成果向人们展现了美好的前景,但学校却不为所动;尽管我们能够获得的培训计划越来越多,但是学校却不愿意引入它们。究其原因,资金是一方面。更重要的是,这些心理计划还无法提供长期的结果。个人以为,我们应该抓住机会,大幅开展我们自己的棉花糖实验。这项投入将带来多方面的收益。不说别的,首先这些大脑更加强韧的孩子在成长过程中将很少会卷入犯罪案件。他们的身心将更加健康,能够更好地应对压力,成为工作和生活中的强者。单凭这一点,这项投资在我看来便十分值得。

为大脑减负

首先让人们意识到大脑危机带来的挑战,同时强调已有的、可以战胜危机的办法,这样一来,我们便为投资营造了必要的氛围。其次,向人们提供尽可能多的投资途径。虽然从 20 世纪 90 年代以来,成千上万的人已经通过心理疗法找到了解决心理问题的方案,但是许多人仍然认为正向心理学遥不可及。

这里,我认为政府同样有发挥作用的空间。政府可以向人们提供"心智愈合力检查",以此从财政上去除门槛。人们可以利用这项检查来选取一些课程或是培训计划来提高他们的心理健康水平,进而增进他们的生理健康。一些心理训练计划(比如正念训练)的结果显示,它们比某些药物更有效。一些公司和组织在心理健康方面引入了员工帮助计划(EAP——向员工提供指导和咨询服务），或在全公司推行了反心理倦怠策略。政府也可以给这些公司提供一些优惠政策。

对于公司来说，促进心智的改善尤为关键。现在，公司有机会进行压力-风险分析，并根据结果找到改善心智的方法。为了实现这一目标，优智办公开发了线上工具，来探测员工的压力和工作参与度。通过分析，我们能够评定出公司的哪些地方会给员工带来痛苦。我们曾经分析过一家大型公司，结果发现，负面的压力主要来源于跨代际的冲突。在得知这一结论后，公司得以对这类问题做好准备，并做出针对性的调整，避免问题进一步升级。

而在另一家公司，压力的堆积来自源源不断的干扰，以至于员工感到难以专注工作，目标的推进也不见进展。后来，多个部门引入了非常具体的"大象时间"，确保员工能在不受干扰的情况下处理完头等重要的事情。由此，问题迎刃而解。

当一个公司想要采用可持续的策略来改善员工的心智，而不仅仅止步于一次性的干预，选择员工帮助计划便是明智之举。引入员工帮助计划本身就是一种治疗，毕竟这体现了公司关心员工，员工能够从外部的咨询机构中获得建议。由于每家公司的情况不同，需求也随之发生改变，因此制订计划的过程中应充分考虑到公司的具体需求,坚持定制化的服务。这一方法中,提高心智愈合力是关键,要让员工意识到他们能够增强自己的大脑。给员工们提供自控力、压力管理、工作参与度和改善大脑等方面的培训计划,将为公司带来极大的优势。

当我们谈到增强心智的时候,还需要对大脑投入更多的关注。我们必须优化大脑,并由此得到更好的产出。从这个意义上来说,"拉伸"工作记忆的计算机训练,对我们注意的广度、时长和自控力有积极的作用,反过来,也有助于我们更好地应对压力。正如前文中所提到的,一个短短 5 周的训练计划已经足以带来大脑的极大改变。越来越多的公司看到了这些计划带来的附加价值。例如,正向训练中,员工对自己有了更好的觉知,其团队精神也随之增强。

　　领导者和决策者若能给予正确的投资，那些以员工脑力为第一生产力的产业和部门将会迎来巨大的改变。

终章

投资心智，于危机中成长

高可靠性组织

2009 年 3 月,墨西哥城暴发了流感。大量的年轻人感染了病毒,当地的健康工作者瞬间就意识到这样一个事实:这一次暴发的流感不同于往年。整个城市发出了警报,不久,许多医生的猜想便得到了证实。这是一种新型的流感:甲型 H1N1 流感。

墨西哥政府即刻采取了非常措施。学校、博物馆、图书馆和其他公共建筑都关闭,政府发布紧急声明,准备切断墨西哥城公共交通网络。然而,与此同时,病毒已经传播到了其他的国家。不到一个月,美国和欧洲就出现了首例感染者,随后,这些国家也展开了严格的控制。

在荷兰,一个刚刚从墨西哥参加完家庭聚会回国的幼童引起了大面积的恐慌,飞机上每一个挨着这个孩子的人都被找了出来,并进行了预防性的治疗。在多个国家(从黎巴嫩到阿塞拜疆),人们都必须接受检疫隔离。埃及政府命令国内的屠夫即刻宰杀所有的猪。6 月,世界卫生组织宣布这次暴发的病毒为全球性的流行病,并即刻采取措施。恐慌如洪水一般倾闸而出。上一次听闻这个词还是在 20 世纪 80 年代,AIDS(获得性免疫缺陷综合征,即艾滋病)暴发的时候。当时全球范围内有2000多万人因感染病毒而丧命。这一次,来自墨西哥的甲型HINI流感,如阴霾一般笼罩了整个世界。

2009年底,医护工作者第一次对这个流行病做了评估。世界范围内,死于这一病毒的人数大约在1.5万人。让我们来对比一下:每年一个普通的流感造成的死亡人数,平均在25万到50万人。

这样的结果着实令人沮丧,媒体和政府精心策划的这出恐吓战术在多个国家引发了争论。真的有必要引发如此声势浩大的恐慌吗?世界卫生组织为自己辩护道,如果不这么做,流行病不会被控制得这么好——病毒在变异之前就被控制住了。如果这场流行病想要告诉我们些什么,那便是我们的医疗保健系统面对考验反应迅速,我们的医院非常强大,哪怕遇到罕见的流行病也不会被击败。

我们的医院早在多年前就为可能发生的灾难做好了准备。它们被训练成了高可靠性组织(HRO: High Reliability Organizations)。这些组织哪怕在灾难面前也被证明是可靠的:小到控制住森林大火的消防部门,大到在经济衰退中幸存下来的公司。

但是,并不是只有医院和消防部门才能成为高可靠性组织——人类也可以做到这一点。经得起考验的组织和经得起考验的人之间存在着许多的共同点。或早或晚,我们每个人都会遭遇不测,那便是检验我们愈合力的时刻。

尽管这些组织遇到的挑战各不相同,但是根据卡尔·韦克(Karl Weick)在密歇根大学的研究可知,所有的高可靠性组织在应对危机时,都表现出了许多相似之处。

第一个特点是,他们并不确信自己能够获得成功——事实上,他们从心理上做好了失败的准备。第二个特点与前一个有关,高可靠性组织常求助于专家,与自己的评估相比,他们更信赖外部专家的意见。第三个特点是,他们会单独考察每一种情况,并找到适用于某一个具体事件的解决方案。他们对情况的复杂性非常敏感,并时刻保持开放的心态。最后一个令高可靠性组织区别于其他组织的特点便是愈合力。

好消息是什么呢?只要我们想,不管是个人还是组织,都可以成为HRO。这主要依赖于正确的投资,投资那些能让我们战胜危机的东西。我将从实践中引用一个例子,同你更详细地分享。

投资心智，应对危机

一天,我接到卡斯珀的来电,他是一家荷兰公司的 CEO,一年前我们为这家公司制订了一项愈合力的计划。这一次,他来找我是出于私人原因。不久前,他接到了上司们的邀请,让他前往芝加哥进行谈话。这令他坐立不安。在公司工作这么多年,他从来没有遇到这样的事情。更令他担忧的是,另一位来自德国的 CEO,一年前也接到了这样的电话,随后便被开除了。他料想,自己也难逃此劫。

第 1 步　解读

和大部分人一样,在这样的情况下,卡斯珀首先问自己,可以做些什么来躲过这次会议。当时我就向他指出,这并不是一个能带来积极成效的思路。现在距离开会还有一个月的时间,这么想对他一点帮助都没有。他要做的第一步便是,调整好自己的心态,面对即将到来的谈话。

当然,我大可以安慰他,"船到桥头自然直",或者"你不觉得有点杞人忧天吗?"然而,我并没有这样做,相反,我建议他遵循 HRO 的策略,实事求是地设想出最坏的情况。如果最终的结果是好的,那无疑将令人喜出望外。(此前我们在研究中了解到惊喜对于幸福体验的重要意义。)

从其他的研究中,我们也得知了,保持积极的视角,为最坏的情况做好准备,是有百利而无一害的。如果卡斯珀最终将被炒鱿鱼,这对他来说不也是一个很好的机会吗?凭借他的工作履历,他很快就能找到一个新的,甚至更好的工作。**渐渐地**,卡斯珀接受了这样的想法:他在这家公司的职业生涯可能即将落幕。但与此同时,他也不再那么担忧,只是仍然决定,不管结果如何,他都会充分利用这次会面,将其作为一个重要的学习经历。

我非常提倡这样的现实乐观主义,在愈合力良好的人们身上,你很容易发现这一点。他们在评价一个情况的时候,与悲观主义者无异,但是他们却能对事实给出不那么消极的解读,并且真的能在每一次的困境中看到转机。想要做出这样的转变并不容易,但是我们可以不断地鼓励自己这样去做。自控是一切的关键。不管在眼下,还是未来,当你开始消极地解读事实时,积极地干预起来,尝试控制它们,并将其转变为更积极的解读。这是我们在积极的方向上需要迈出的第一步。

即将到来的会面,对于卡斯珀而言是一种威胁。与之类似的,面对心理倦怠和频发的压力综合征时,人们也充满了恐惧。

有太多的管理者将这一流行病解读为非常负面的事件。当然这很重要,也会让他们破费不少。同时,我还发现,许多管理者仍然停留在寻找替罪羊的阶段,这显然不会带来有益的结果。我们大可以承担起自己的责任,抛却这些烦恼,主动选择成长。

甚至,你还可以对由压力和心理倦怠带来的挑战进行积极的解读,把它们当作一个重大的机遇——你不仅能够化解危机,同时还能够得到成长的机会。对心智资本投资的明智之举,不但能够让你摆脱此前的债务,同时还有可能产生可观的利润。这次危机为管理者提供了一个独特的机会,让他们得以利用自己的心智资本。

第 2 步　去伪存真

卡斯珀和我决定做最坏的打算,但是同时也要尽最大的努力。为了达成这样的结果,准确地界定危机便显得非常重要。压力之下,人们对情况的评估容易失真。接下来的第二步是要意识到自己由于这一事件而产生的无意识的念头。在卡斯珀的心目中,这次会面的恐怖程度直线升级,它意味着数小时的痛苦和一堆烦人的问题,而他将坐在严厉又不近人情的评审团面前,紧张得大汗淋漓,说话结结巴巴。

接下来要说的这一点,许多人并不感到陌生。研究证实,当人们需要评估未来的一个情景时,几乎总会夸大其词:既有积极意义的("如果这次能升职,所有的问题都能得到解决"),也有消极意义的("如果爱人离开了,我再也不会快乐了")。

卡斯珀摒弃了他的幻想,我们顺着已知的事实来分析这一情形。我们发现,他对于自己将要被解雇的猜测并没有事实的依据。也许他收到的消息有些不同寻常,但是语气上并没有他想象的那么消极。接下来,我们调查到谁将出席当天的会议,谈话将在哪里进行,以及他将拥有多长时间。在此过程中,我们使用了可视化技术,他非常详细地想象了整个场景。

在本例中,卡斯珀非常擅长估计迎面而来的危机。当然,情况并不总是这样,但是它们发生的可能性比我们想象得要大。一个训练有素的运动员非常清楚自己的哪一块肌肉在某个训练中容易受到伤害。对心理健康而言,大部分的成年人也能很快确定他们的优势和弱点。这就如同管理者清楚自己部门潜藏的风险,或者一个部长了解自己管辖区域存在的弱点。

识别出可能发生的问题,我们每个人都能做到,尽管在这一点上,大部分人会寻求一些帮助。一个局外人往往对个人或组织的优劣势有更好的了解。这也是为什么广交朋友有助于提升我们的愈合力。

在 HRO 的模式中，这被称作"向资源寻求帮助"。公司为了提高自身的经济愈合力，通常会求助于审计，但是风险最高的区域（员工的心智愈合力），往往还不在考虑的范围内。通过优质办公，我们能够筛查出公司中哪些部门或哪个团队对压力最为敏感。这样的准备虽然不能保证万无一失，但是当问题真正产生时，将极大缩短公司的反应时间。

第 3 步　培养开放的心态

当我们把一个情形搞清楚以后，便把它写进剧本里，每一次都绘制一张脑图，帮助我们整理思路。他们可能会问什么样的问题？会给出什么样的批评？如果他们给出这样的建议，或是做出那样的反应，我们应该怎么办？卡斯珀反复复习了所有的情况，哪怕是最不可能发生的情况，直到他准备好了一切。是的，一切。

这个练习的关键，与其说是要穷尽所有的可能，不如说是要对新的可能持开放的心态。自然，我们非常倾向于只站在自己的立场看问题，也因此每一次都使用同一种应对方式。而愈合力的一部分是学会站在他人的立场上看问题，并采用一种与己不同的推理方式。

通过这种方式，卡斯珀不仅拥有了更开放的心态，同时他的自信心也得到了极大的提升。如果面对所有的情景，他都能做出合适的反应，那么如果遇到其他情形，他很有可能也能搞定。与此同时，我教会了他如何在这些情形中获得主导权，进而把会面变得于己有利。每次的咨询都围绕着"思考新办法，应对新情形"，以至于这变成了卡斯珀的日常。正如我们了解到的，这有助于心流的产生。

未来变化莫测，我们难以预知，但是可以学习如何处理意料之外的情况。寻找新的挑战，我们不仅能更加了解挑战本身，同时还能更好地应对。这也是旅行能够充实人生的原因之一。经过长途旅行的你，在数月后，可能已经忘了沿途所见到的一切，但是同未知的情景以及陌生人打交道的经验将使你终身受益。

在商业世界，这一原则也很常见。那些充满愈合力的公司经常鼓励员工走出他们的舒适区，去寻找新的体验，即使这些体验与工作无关。谷歌（Google）是这方面最知名的榜样，它已将一个叫作"20%的计划"执行了多年。这一计划规定，员工可以拿出 1/5 的时间投入到任何项目中，即便这些项目与他们实际的工作无关。

常常打破思维惯性，让脑洞大开成为你的日常。这不仅能够增强愈合力，同时还能够激发创造力和提高工作效率。获得新的挑战，感受到自由，这两者都是提高员工工作参与度的重要前提。

第 4 步　做好心智上的准备

我们在假设面谈中可能出现的各种情景时，不仅会讨论其中的具体内容，还会花大量的时间仔细讨论卡斯珀脑海中上演的各种心理过程。这一切的努力是否能够得到回报，是个未知数。在这样的挑战下，卡斯珀时常感觉到内心的抵制。这也是情理之中的事情。在特别困难的时刻，我们使用了分心策略让他保持自控。同时我还密切地关注着他自控力的存量，避免在重大日子来临之前被耗尽。在进行这种训练时，短时间内密集训练的效果反而比不上每天练上一点点。正如我们所知道的，在培养自控力的过程中，不能给予过多的奖励（比如表扬）。只有这样，我们才能坚守对重点的训练，不断朝着最终目标迈进。

卡斯珀还容易不时地走神。于是我建议他在会面的当月，要格外留意自己的身体状况：吃健康的食物，每周锻炼一次或者多散散步，其中最重要的是要保证充足的睡眠。人们备战重要事件时，常常背道而驰。他们开始吃些不健康的食品，中断锻炼，顾不上抽出时间放松，睡得也更少。对我们的大脑而言，这可能是最糟糕的策略了。想要用最好的状态迎接挑战，我们不仅要训练大脑，同时也需要符合用脑卫生的基本要求。

在这个案例中，我们没有必要去提高卡斯珀的专注力，因为他已经高度专注于自己的目标。相反，对乐观态度的培养、自控力训练中积极性的保持以及觉知的训练，我们极为关注。所有的这些无疑会在即将到来的会面中发挥重要作用，对未来也是一样。

在人们应对危机所采取的所有步骤中，从长远看，投资心智愈合力当然最为重要。因为这是获得创伤后成长的关键，它决定了那些无法将我们打倒的事物能否令我们更加强大。当然，大部分的人只在危机来临之时才选择接受心理训练。这也不全然是件坏事。大难临头时，人们往往能在训练中展现出更持久的毅力。另外一个好处则在于，危机可以使他们见证投资的成果，从而激励他们接下来进行更多的投资。

卡斯珀完全验证了这一说法。由于他做足了准备，芝加哥的会面进展得非常顺利，远超预期。尽管在刚开始的讨论环节，上司们有所质疑，但是结尾时的气氛非常积极，会面以双赢的结局告终。有两三位领导此前从未见过他，但在会面中对他印象非常好，于是在一些重大决定上开始咨询他的想法。这样一来，他将一个于己不利的情形变成了职业生涯中一个非常积极的转折点。

　　此次危机不但没有削弱卡斯珀，反而令他更为强大。现在卡斯珀已经成为人力资源主任，他比以往任何时候都更有效率、更专注，也更坚韧。事实上，我们每个人都能做到这一点。在这场大脑争夺战中，我们不仅能够战胜危机，还能从中获得成长。让我们抓住机遇，从现在开始，为了拥有更好的心智而行动起来。